Espírito,
Alma
e Corpo II

A História do Mundo Espiritual que se Desdobra no Espaço!

Espírito, Alma e Corpo II

Dr. Jaerock Lee

URIM
BOOKS

Espírito, Alma e Corpo II escrito por Dr. Jaerock Lee
Publicado pela Livros Urim (Representante: Seongkeon Vin)
361-66, Shindaebang-Dong, Dongjak-Gu, Seul, Coréia
www.urimbooks.com

Primeira Publicação em agosto de 2013

Anteriormente publicado em coreano pela Livros Urim em 2010

Editado por Dr. Geumsun Vin
Design de Editorial da Livros Urim
Para mais informações, entre contato: urimbook@hotmail.com

Prefácio

Desde o momento em que aceitei Jesus Cristo e comecei a ler a Bíblia, eu comecei também a orar muito para entender o coração de Deus. Deus me respondeu depois de sete anos e incontáveis orações e períodos de jejum. Depois que abri uma igreja, Deus me explicou diversas passagens complexas na Bíblia, pela inspiração do Espírito Santo; e, dentre elas, os detalhes em ralação ao 'Espírito, à Alma e Corpo'. Eis aqui uma misteriosa história que nos permitirá entender tanto a origem do homem como a de nós mesmos. Eis um relato do que eu não pude ouvir em nenhum outro lugar; e eis minha alegria, que transpassa a habilidade de descrevê-la.

Sempre que preguei essas mensagens sobre o espírito, a alma e o corpo, houve muitos testemunhos e respostas vindos tanto da Coreia, como de outros países. Muitos dizem que se deram conta de si mesmos, entenderam que tipo de ser eram e receberam respostas a vários assuntos difíceis da Bíblia, além de ganharem vida verdadeira. Alguns dizem que agora têm o objetivo de se tornar pessoas espirituais e participar da natureza divina de Deus, lutando para alcançar esse alvo como escrito em 2 Pedro 1:4, que diz,: *"Desse modo ele nos tem dado os maravilhosos e preciosos dons que prometeu. Ele fez isso para que, por meio desses dons, nós escapássemos da imoralidade que os maus desejos trouxeram a este mundo e pudéssemos tomar parte na sua natureza divina."*

A Arte da Guerra, de Sun Tzu, diz que se você conhecer a si mesmo e ao seu inimigo, nunca perderá uma batalha. As mensagens em "Espírito, Alma e Corpo" iluminam a parte profunda do 'eu' e nos ensinam sobre a origem dos homens. Uma vez que aprendemos e entendemos essas mensagens profundamente, conseguimos também entender qualquer tipo de pessoa. Ademais, também aprendemos formas de derrotar as forças da escuridão, que têm nos afetado, para que, assim, tenhamos uma vida vitoriosa em Cristo.

O Volume 2 de Espírito, Alma e Corpo em especial explicará sobre a origem do Deus Criador, o vasto mundo espiritual e o espaço de luz onde nossos espíritos irão habitar. Haverá fotos coloridas para ajudá-lo a entender melhor a forma de Deus e o espaço. Depois de entendermos os segredos dos espaços e nos tornarmos pessoas de espírito pleno, poderemos transcender as limitações humanas para usarmos o espaço de Deus e vermos a forma de Deus. É por isso que Jesus disse em João 14:12: *"Digo a verdade: Aquele que crê em mim fará também as obras que tenho realizado. Fará coisas ainda maiores do que estas, porque eu estou indo para o Pai."*

Agradeço à Geumsun Vin, diretora do Departamento de Edição e todos aqueles que se dedicaram à publicação deste livro. Espero que através dele, os leitores possam ter as qualificações para entrar no espaço espiritual da luz e experimentar os maravilhosos ambientes de Deus.

Jaerock Lee

Começando a Segunda Jornada de Espírito, Alma e Corpo

"Que o próprio Deus da paz os santifique inteiramente.
Que todo o espírito, a alma e o corpo de vocês sejam preservados
irrepreensíveis na vinda de nosso Senhor Jesus Cristo."
(1 Tessalonicenses 5:23)

Hoje, o cyber space está aberto a qualquer um que tenha acesso à Internet, mas as pessoas o utilizam em diferentes níveis, de acordo com o conhecimento que têm sobre computação e habilidades relacionadas à Internet. Semelhantemente, à medida que entendemos o espaço de Deus, podemos entender os incríveis milagres na Bíblia e experimentar tais obras de Deus em nosso cotidiano.

A Bíblia nos conta sobre diversos eventos, a partir dos quais podemos entender os espaços de Deus. Quando Estêvão estava sendo martirizado com apedrejamento, o portão dos Céus se abriu e ele viu o Filho do Homem em pé, à direita de Deus (Atos 7:56). Isso foi possível porque Deus abriu o espaço do quarto céu. Pedro foi preso enquanto pregava o evangelho, mas foi liberto pela ajuda de anjos. O apóstolo Paulo teve uma experiência semelhante, quando foi preso em Filipo. Deus abriu o espaço do terceiro céu e mandou um anjo poderoso, que afrouxou as correntes e abriu os portões.

Quando cultivamos o coração do espírito pleno, conseguimos usar o espaço espiritual de Deus nessa terra e nada mais se torna impossível. Além do mais, no futuro, desfrutaremos da vida eterna e das bênçãos na Nova Jerusalém. Por outro lado, a pessoa, que ainda não atingiu o nível do espírito pleno, precisa alcançar a medida de justiça que lhe permitirá utilizar o espaço de Deus. Este livro está cheio de histórias que se espalham no ilimitado espaço do espírito.

Este livro ajuda os leitores a fazer o seguinte:

1. Ajuda-os a entender o amor de Deus, que dividiu os espaços, as dimensões e a luz das trevas em Sua providência de cultivar o homem e obter filhos verdadeiros. Quando aceitamos Jesus Cristo e agimos com fé, temos os direitos dos filhos da luz e entrar no lindo espaço espiritual da luz.

2. O Céu é um espaço de luz e é categorizado em muitos lugares – desde o Paraíso até a Nova Jerusalém. Moraremos lá no Céu em corpos celestiais aperfeiçoados e teremos uma vida eterna cheia de alegria e felicidade, e este é o presente de Deus para nós.

3. É puramente o poder de Deus que nos faz ser verdadeiros filhos Dele, que possuem a Sua imagem. Com o Seu poder, podemos ir para o lindo espaço de luz e também experimentar obras lindas e poderosas que transcendem as limitações humanas nesta terra.

CONTEÚDO

Prefácio

Começando a Segunda Jornada de Espírito, Alma e Corpo

Parte 1 O Vasto Espaço do Mundo Espiritual

Parte 2 Espírito, Alma e Corpo no Espaço Espiritual

Parte 3 Transcendendo Limitações Humanas

Espírito, Alma e Corpo I
CONTEÚDO

O Vasto Espaço do Mundo Espiritual

O Que Acontecia no Céu Antes da Criação?

Como o Espaço de Luz e o Espaço das Trevas Foram Formados?

"Esta é a mensagem que dele ouvimos
e transmitimos a vocês:
Deus é luz; nele não há treva alguma."
- 1 João 1:5

"Aquele que cavalga os céus,
os antigos céus. Escutem!
Ele troveja com voz poderosa."
- Salmo 68:33

Capítulo 1
Trevas e Luz

A luz e as trevas existem não apenas neste mundo visível.
No mundo espiritual também há espaços de luz e de escuridão.
Qual é a razão de Deus ter permitido que o espaço
da escuridão existisse e quem o governa?

O Vasto Espaço Espiritual e Deus em Sua Origem

Deus Planejou o Cultivo Humano

O Deus Original Se Tornou a Trindade

Deus Criou os Anjos e os Querubins

A Falha Rebelião de Lúcifer

A Providência de Deus em Separar a Luz e as Trevas

Quando você era criança, você alguma vez já caiu no sono, enquanto contava as estrelas do céu? Creio que muitos de vocês sim. São muitas as estrelas que podem ser vistas a olhos nus, mas existem muitas outras que não conseguimos ver. Quão grande é o universo!

Mesmo com o desenvolvimento da ciência, o homem ainda não conseguiu calcular exatamente o tamanho exato do universo. É porque ele é um espaço vasto e sem fim. Os planetas, como a Terra, se unem para formar um sistema solar, e muitos outros sistemas solares e corpos celestiais se juntam para formar uma galáxia. Múltiplas galáxias formam microcosmos, e um grupo de microcosmos forma o grande universo.

O tamanho do nosso sistema solar em nossa galáxia é visto apenas como um pequeno pontinho. Essa galáxia é também como um mero pontinho, se comparada ao tamanho de todo o universo. E, embora esse universo físico em si não possa ser medido com sofisticados equipamentos científicos se comparado ao espaço espiritual, ele é só uma pequena porção.

Além do universo físico que vemos, existe o espaço espiritual que se estica infinitamente numa outra dimensão. A Bíblia menciona sobre múltiplos números de 'céus'.

Deuteronômio 10:14 diz: *"Ao Senhor, o seu Deus, pertencem os céus e até os mais altos céus, a terra e tudo o que nela existe"*, e Neemias 9:6 diz: *"Só tu és o Senhor. Fizeste os céus, e os mais altos céus, e tudo o que neles há, a terra e tudo o que nela existe, os mares e tudo o que neles existe. Tu deste vida a todos os seres, e os exércitos dos céus te adoram."*

Como os vários céus vieram à existência, o que acontecia neles antes da criação do mundo? Voltemos, pois, ao tempo antes da criação deste mundo, antes de o universo e da galáxia que conhecemos existirem. Tudo era só um enorme espaço sem nenhuma distinção entre espaço espiritual e espaço físico.

O Vasto Espaço Espiritual e Deus em Sua Origem

O vasto espaço espiritual se refere ao universo original como um todo. Foi nesse espaço que Deus se abrigava antes das eras. Aqui, 'Deus em Sua origem' se refere a Deus, que existia como lua e voz antes da criação. O universo original se refere ao universo onde o Deus original existia só.

Qual era a aparência original de Deus? Imagine lindas luzes enchendo infinitamente o vasto universo, crescendo e passando como ondas. Como 1 João 1:5 diz: *"Deus é luz"*, Deus Se estende por todo o universo na forma dessas luzes lindas e brilhantes.

As 'auroras' nos ajudam a entender essa forma de Deus em Sua origem. Elas são vistas nos céus perto das Regiões Polares. Geralmente têm lindas luzes vermelhas, azuis, amarelas, verdes claras ou rosas. Dizem que suas luzes são tão belas que aqueles que já viram uma nunca mais se esquecem de sua beleza.

Romanos 1:20 diz: *"Pois desde a criação do mundo os atributos invisíveis de Deus, seu eterno poder e sua natureza divina, têm sido vistos claramente, sendo compreendidos por meio das coisas criadas, de forma que tais homens são indesculpáveis."* Deus criou luzes como as das auroras para que possamos entender sua aparência original, quando nos perguntamos sobre Ele em Sua origem.

Deus originalmente tinha uma voz clara, pura e, ainda assim, majestosa nas luzes que passavam como ondas. Você já ouviu o som como o de sussurro em brisas suaves? No vento que vem do mar, você pode ouvir o suave som das ondas. Semelhante à forma como o som é carregado pelos ventos, a voz soava da luz original em si. Como o som é carregado pelo vento, a voz original se espalhava junto com as luzes originais por todo o universo, acolhendo-o.

Entretanto, se você ouvir a voz de Deus nem que seja uma vez apenas, você nunca mais a esquecerá. Eu já a ouvi algumas vezes, e ela é tão majestosa, pura e nítida! É grandiosa! A voz de Deus é, na verdade, muito limpa e pura, doce e, ainda assim, tão majestosa que pode ressoar por todo o universo.

João 1:1 diz: *"No princípio era aquele que é a Palavra. Ele estava com Deus e era Deus."* Essa Palavra que existia no princípio é a voz original soando da luz original. O versículo acima expressa Deus como 'a Palavra', que é a essência, e não a forma de Deus, que é luz. A 'Palavra' é o conteúdo, e 'Deus' é o nome dado ao conteúdo. Assim, a essência de Deus é 'Palavra', e Sua existência era em forma de luzes e voz que enchiam todo o universo.

Deus Planejou o Cultivo Humano

Em certo ponto da linha do tempo interminável, Deus, que existia como um só, planejou o 'cultivo humano':

> 'E se houvesse um ser que pudesse conhecer este vasto universo e o Meu coração, compartilhando amor comigo? E se ele pudesse entender e receber o Meu coração com as emoções que compartilho com ele, e pudesse dar o seu coração para Mim em troca? Como isso seria uma coisa boa!'

Deus queria outro ser com quem Ele pudesse se comunicar e compartilhar tudo no universo. Em particular, Deus queria um ser com quem Ele pudesse compartilhar o Seu amor. Ele fez o plano do 'cultivo humano' com o desejo de começar uma nova obra para obter Seus verdadeiros filhos.

O que você acha que Deus fez primeiro no planejamento do cultivo humano? Ele já existia como luz espalhada em todo o universo, mas Ele se unificou no pico do mundo espiritual e veio a ter a forma de luz. Ao se tornar como uma luz, diferentes dimensões dos 'céus' se formaram. Aqui, 'céu' é sinônimo de espaço no universo. Inicialmente, existia apenas o universo original, mas quando Deus em sua origem se unificou e se tornou uma única luz, diferentes espaços no universo foram feitos. Como as luzes que ficavam espalhadas em todo o universo se juntaram e se concentraram no pico do mundo espiritual, esses espaços foram formados de acordo com a intensidade da luz neles.

No passado, a intensidade da luz era a mesma em todo o universo original, mas agora, o pico do mundo espiritual é o mais brilhante. Por exemplo, se você puser 10.000 luzes distribuídas igualmente em um salão, a intensidade será a mesma em todo ele. Mas o que aconteceria se você puser apenas uma luz com a intensidade de todas as outras juntas no centro do salão? Quanto mais próximo dela, mais brilhante seria a luz, e o inverso é válido, à medida que a distância diminui. Semelhantemente, quando a luz original se tornou uma única luz condensada, diferentes espaços foram criados de acordo com a variação de brilho em cada um deles.

A luz original é uma luz espiritual e, quando a intensidade ou brilho da luz mudaram, a densidade da natureza espiritual também mudou. Quando a luz original se juntou como uma luz condensada, o brilho da luz e a densidade do espírito ficaram menos densos, à medida que a distância da fonte aumentava. Assim, o universo original, que existia antes como um espaço, apenas foi categorizado em quatro universos diferentes, de acordo com a intensidade de luz e densidade do espírito. Deus os chamou de primeiro, segundo, terceiro e quarto céus.

O lugar onde Deus, em Sua Origem, Se concentrou em uma só luz é um lugar muito especial, que pertence ao quarto céu. Portanto, a luz no quarto céu é a mais intensa, assim como a densidade do espírito. O terceiro céu tem menos intensidade de luz e de espírito do que o quarto céu, e o segundo, menos que os níveis acima. O mundo espiritual consiste do segundo ao quarto céus. O primeiro céu é o universo físico que pode ser visto por nós. Este é um universo onde a natureza do espírito foi quase completamente tirada, quando Deus se unificou como uma única luz e, portanto, é cheio de natureza carnal em vez de espiritual.

No espaço físico, se você dividir um espaço em quatro partes, cada uma delas será menor do que o espaço original. Entretanto, não é isso que ocorre com o mundo espiritual, pois não há limites nele. Quando o infinito e vasto universo foi dividido em quatro, formaram-se quatro vastos e ilimitados universos. Sendo assim, embora o universo original tenha sido dividido em quatro, não há limites em cada um dos céus. Não apenas o Segundo, Terceiro e Quarto Céus, mas também o Primeiro Céu, que é um mundo carnal, não tem limites.

Deus fez com que esses céus diferentes existissem porque cada um tem seu uso. Primeiro, Ele separou o Primeiro Céu para prepará-lo como palco do cultivo humano. O Segundo Céu, foi preparado como um espaço para os espíritos das trevas, que são necessários ao cultivo humano; e foi também para Adão, que foi criado como um espírito vivente. O Terceiro Céu foi separado para a edificação do reino celestial, onde o bom trigo obtido através do cultivo humano entrará. Finalmente, o Quarto Céu é o espaço para a Trindade e fica na mesma dimensão em que o universo original, que anteriormente era único, ficava.

Quando o universo original foi separado em quatro céus, estes não foram cheios com nenhum conteúdo inicialmente. Entretanto, isso não quer dizer que estavam completamente vazios – havia inúmeras estrelas no universo original. No Primeiro Céu, nossa Terra, sistema solar e nossa galáxia ainda não tinham sido feitos. No Terceiro Céu, o reino do céu ainda não tinha sido criado, ele era apenas o lugar adequado para se fazer o reino celestial. Depois dessa separação de espaços, Deus começou a preencher esses espaços com Suas obras de criação.

O Deus Original Se Tornou a Trindade

Depois de Se concentrar em uma luz, Deus primeiro Se separou em três luzes. Aqui, quando dizemos que 'uma luz se divide em três,' a ideia não é como a de um caroço que se divide em três pedaços, mas é mais como duas luzes idênticas sendo projetadas a partir de uma luz apenas. Apesar de a luz original ter se dividido em três, essas três luzes não são separadas ou diferentes, mas são o mesmo que a luz original.

A luz original existia como uma, e as outras duas luzes foram então feitas. Como três luzes, elas assumiram um formato espiritual como o de um homem. Passaram a existir como Deus

Pai, Deus Filho e Deus Espírito Santo. Depois que o Deus Original Se dividiu em Deus Trindade, cada um da Trindade tomou seu próprio corpo espiritual, que se difere um pouco um do outro. No entanto, os espíritos dentro dos corpos espirituais vieram do mesmo Deus Original, assim, pode-se dizer que os Três, em Um, todos têm o mesmo coração, pensamentos, poder e sabedoria.

É por isso que nos referimos a Deus Pai, Deus Filho e Deus Espírito Santo como a Trindade. A Trindade primeiro criou as coisas que eram necessárias para o espaço onde Deus habitava. Quando Deus existia sozinho como luz e voz permeando-a, Ele não precisava de um lugar para habitar. Contudo, como agora Ele tinha uma forma, passou a necessitar de um local para morar.

Quando a Trindade fica no Quarto Céu, Ela pode escolher assumir uma forma ou não. Sua forma se transforma conforme o Seu querer no Quarto Céu e, como às vezes, ela, de fato, assume uma, há uma habitação lá. Deus sempre tem uma forma no Terceiro Céu que também acomoda o reino do céu e, portanto, Ele criou um lugar para habitar ali também. Ademais, Deus começou a criar seres espirituais que ministrariam a Ele.

Deus Criou os Anjos e os Querubins

Existem dois tipos de seres espirituais que Deus criou, e são eles os 'anjos' e os 'querubins'. Um anjo tem quase a mesma forma que a de um homem, com exceção de suas asas (Apocalipse 14:6). O homem foi criado à imagem de Deus, assim como os anjos (Marcos 16:5). A diferença é que os anjos só têm a imagem externa de Deus, enquanto os homens têm a imagem e o coração de Deus.

Mas, e o tamanho dos anjos? Há anjos que são semelhantes aos homens. Todavia, existem também anjos muito pequenos e anjos enormes. Suas formas e características dependem de suas funções.

Por exemplo, para o anjo que trabalha como general do exército, a forma masculina seria mais apropriada. Para dançar e cantar, anjos femininos seriam mais adequados. Obviamente, não quer dizer que não existam anjos masculinos que dancem. Assim como há dançarinos neste mundo com suas funções, existem anjos masculinos que dançam também. No entanto, sua existência como masculino ou feminino na aparência física não significa que anjos têm gênero, mas que simplesmente suas aparências e comportamentos são percebidos como masculinos ou femininos.

Anjos servem a Deus e cumprem seus deveres pela ordem Dele. Existem diversos tipos de deveres, e são incontáveis os anjos.

"Todos os anjos estavam em pé ao redor do trono, dos anciãos e dos quatro seres viventes. Eles se prostraram com o rosto em terra diante do trono e adoraram a Deus" (Apocalipse 7:11).

11

"Então vi outro anjo poderoso, que descia dos céus. Ele estava envolto numa nuvem, e havia um arco-íris acima de sua cabeça. Sua face era como o sol, e suas pernas eram como colunas de fogo" (Apocalipse 10:1).

"Os anjos não são, todos eles, espíritos ministradores enviados para servir aqueles que hão de herdar a salvação?" (Hebreus 1:14)

Dentre eles, enquanto há anjos que têm um único dever no mundo espiritual, há outros que ministram aos filhos de Deus na terra outros deveres. O número de anjos designados para cada crente vai variar de acordo com o tanto que cada um se santifica, para se tornar uma pessoa espiritual e plenamente espiritual. A hierarquia dentre os anjos é estabelecida e mantida à risca, segundo a hierarquia espiritual de seus mestres. Além disso, existem também anjos que são designados para cada pessoa, quer seja ela crente ou não. São eles os anjos que registram cada obra e palavra de cada indivíduo sobre a terra.

Enquanto anjos têm a imagem de homens, os querubins têm formas de animais. Os querubins que têm o dever de ficar com Deus têm as formas de diferentes animais como leões, águias, vacas ou bois. O Salmo 18:10 diz: *"Montou um querubim e voou, deslizando sobre as asas do vento."*
Dragões, os quais as pessoas acreditavam ser seres imaginários, na verdade, costumavam ser querubins. O dragão que Deus

criou primeiro era muito belo e amável, e era como um animal de estimação para Deus. Seu pelo era macio e ele tinha mãos e pés. Suas cores eram tão lindas que descrições não conseguiriam ser justas. Os dragões eram os líderes dos querubins e tinham grande poder e autoridade. Possuíam um grande número de mensageiros sob seu domínio.

Dentre os querubins estão os 'quatro seres viventes', que parecem como uma massa sólida de aço de cor escura. São eles que trazem desastres e punições sob o comando de Deus, mostrando Sua dignidade e autoridade. Eles têm uma cabeça, mas quatro faces diferentes: uma de homem, outra de leão, outra de bezerro e outra de águia. Eles aparecem como se quatro pessoas estivessem de pé com as costas para trás e os rostos para fora. No centro há uma chama que sobe e desce. Todo o seu corpo é cheio de olhos e eles veem tudo.

Quando Deus criou os anjos e os querubins, Ele não lhes deu o livre arbítrio que foi dado ao homem. Eles apenas obedeciam às ordens de Deus dadas por meio das hierarquias. Até hoje, Deus governa sobre todo o universo por meio dos anjos e querubins.

O Mundo Espiritual é Sistematizado e Bem Organizado

A Bíblia também menciona sobre hostes celestiais e arcanjos. Lucas 2:13 diz: *"De repente, uma grande multidão do hostes celestiais apareceu com o anjo, louvando a Deus e dizendo."* Hostes celestiais é o mesmo que exército celestial.

1 Tessalonicenses 4:16 diz: *"Pois, dada a ordem, com a voz do arcanjo e o ressoar da trombeta de Deus, o próprio Senhor descerá dos céus, e os mortos em Cristo ressuscitarão primeiro."* O fato de que existem arcanjos nos diz que existem ordens no mundo dos anjos.

Os arcanjos vasculham cada aspecto agindo como as mãos, os pés, os olhos e os ouvidos de Deus. Eles também recebem ordens e reportam a Deus diretamente. Sob esses arcanjos que são como ministros, existem incontáveis anjos que os apoiam. Esses arcanjos não direcionam todos os anjos sob eles, mas têm outros líderes sob sua liderança, que gerenciam unidades de anjos. Neste sistema, quando uma ordem é dada, ela é executada corretamente, e todos os relatórios são completamente sem erros. Embora sejam muitos os passos, esse processo é realizado instantaneamente.

Do Seu trono, Deus pode governar e vasculhar cada pessoa nesta terra, graças às funções dos anjos. Obviamente, Deus é poderoso e poderia fazer tudo sozinho. No entanto, os anjos reportam a Deus o que viram e verificaram diretamente. Dessa forma, eles não são apenas relatores, mas também testemunhas daquilo que reportam, o que traz mais luz e justiça ao julgamento de Deus, quando Ele julga algo.

Por exemplo, podemos falar sobre o castigo imposto sobre Sodoma e Gomorra. Gênesis 19:1 diz: *"Os dois anjos chegaram a Sodoma ao anoitecer."* Deus mandara Seus anjos para vasculharem novamente, antes de punir Sodoma e Gomorra, mas seus habitantes tiveram atitudes de rebeldia, isto é, tentaram prejudicar até mesmo esses anjos. No fim, Deus puniu Sodoma e Gomorra com fogo.

Dois dos arcanjos mais conhecidos são Gabriel e Miguel. Gabriel é um mensageiro que aparece para dar revelações ou palavras especiais de Deus. Ele é grande e digno, e usa uma túnica de mangas longas, que podem conter a revelação de Deus. Assim como um ministro que entrega a ordem do rei tem um símbolo, Gabriel também usa uma túnica com uma estampa que parece um selo real.

O arcanjo Miguel é como o chefe do exército, e ele tem dignidade em seus olhos. Ele usa armadura com um cinto ao redor da cintura, na qual diversas armas podem ser colocadas. Ter armas no mundo espiritual significa que Deus deu a ele a autoridade para lutar em batalhas espirituais. Diferentes tipos de armas simbólicas são desenhadas de acordo com a intensidade de cada batalha.

Há também dois arcanjos enormes. Eles têm imagem feminina e grande poder e autoridade. Geralmente não sorriem. Se aparecem, vêm acompanhados de grandes obras de Deus. São tão altos que ainda que fiquem num lugar de teto alto, podemos ver apenas a orla de suas vestes. Não podemos medir sua altura, pois o mundo espiritual tem um conceito de medida completamente diferente do mundo físico.

Três Arcanjos que Pertencem Diretamente a Deus

Além desses muitos anjos, Deus criou alguns outros sob Seu controle direto, que ministrariam pessoalmente a Ele. Foram eles três arcanjos, sendo que um deles era Lúcifer. Eles tinham uma posição e dignidade como os outros arcanjos, mas tinham uma autoridade muito especial.

Falando em termos gerais, os seres espirituais não receberam livre arbítrio e só obedeciam a Deus incondicionalmente. Mas para aqueles três arcanjos que pertencem diretamente a Deus, como exceção, Deus lhes deu humanidade e vontade própria, coisas que somente os seres humanos podem ter. Deus os criou para terem humanidade e para compartilharem amor com Ele, embora não fossem exatamente como os filhos de Deus, que são obtidos através do cultivo humano. Deus permitiu que eles O servissem com seu coração e compartilhassem seus sentimentos de alegria e felicidade com Ele, com seu livre arbítrio.

Os três arcanjos tinham aparências femininas e eram de coração bom, manso e gentil. As palavras saíam de suas bocas cheias de um cheiro suave, e seu comportamento era elegante. Mas cada um deles tinha uma pequena diferença em sua personalidade. Lúcifer tinha características mais fortes do que os outros dois. Ela era encarregada da música e agradava a Deus com sua linda voz e tocando instrumentos musicais. Deus tinha grande deleite com seu louvor e a amava muito.

Uma vez, Deus me mostrou Lúcifer. Ela estava usando um

vestido longo e esplêndido, decorado com pedras preciosas. Seu cabelo tinha adornos de joias pendurados e em perfeita harmonia com o tom loiro. Ela tocava um instrumento magnificente, e o som das joias batendo se misturava com o som do louvor, se espalhando como o soprar do vento. O som subia a Deus e tudo era muito bonito.

Mas, ao ser tanto amada por Deus e desfrutar tamanho poder por tanto tempo, a arrogância começou a crescer em sua mente. Ao ver todas as coisas que Deus estava fazendo e Sua grande autoridade para governar sobre o mundo espiritual inteiro, teve inveja. A arrogância cresceu em sua mente e a fez pensar que poderia ser melhor do que Deus. Enfim, ela planejou se colocar acima de Deus e começou a reunir forças.

Lúcifer tinha um poder tão grande que primeiro ela começou a reunir os anjos sob sua autoridade, para ficarem do seu lado. Junto com esses incontáveis anjos, ela também instigou os dragões e muitos dos querubins sob seu controle. Ela os seduziu, fingindo que estava executando uma missão secreta para Deus.

A Falha Rebelião de Lúcifer

Deus conhecia a mente de Lúcifer e deu-lhe uma chance de se arrepender. Ele lhe mostrou as consequências da rebelião, tentando fazer com que ela enxergasse a realidade, mas a arrogância já havia se estabelecido na mente de Lúcifer, e ela não voltou atrás. Lúcifer se rebelou contra Deus e foi derrotada. Foi expulsa, juntamente com todos os seres espirituais que a seguiram e foi confinada no Abismo, também conhecido como o 'abismo sem fim.'

Isaías 14:12-15 explica sobre a rebelião, a derrota de Lúcifer e o resultado final.

Como você caiu dos céus, ó estrela da manhã, filho da alvorada! Como foi atirado à terra, você, que derrubava as nações! Você, que dizia no seu coração: "Subirei aos céus; erguerei o meu trono acima das estrelas de Deus; eu me assentarei no monte da assembleia, no ponto mais elevado do monte santo. Subirei mais alto que as mais altas nuvens; serei como o Altíssimo." Mas às profundezas do Sheol você será levado, irá ao fundo do abismo!

A Bíblia também fala sobre os anjos que seguiram Lúcifer. 2 Pedro 2:4 diz: *"Pois Deus não poupou os anjos que pecaram, mas os lançou no inferno, prendendo-os em abismos tenebrosos a fim de serem reservados para o juízo."* Judas 1:6 diz: *"E, quanto aos anjos que não conservaram suas posições de autoridade mas abandonaram sua própria morada, ele os tem guardado em trevas, presos com correntes eternas para o juízo do grande Dia."*

Gênesis 1:2 também fala sobre o que aconteceu no mundo espiritual, antes da criação do mundo. O versículo diz: *"Era a terra sem forma e vazia; trevas cobriam a face do abismo, e o Espírito de Deus se movia sobre a face das águas."*

Esse versículo tem um sentido espiritual e outro físico. Ele implica que o que tinha acontecido no mundo espiritual também estava acontecendo no mundo físico.

Espiritualmente, dizer que "a terra era sem forma e vazia" significa que a ordem espiritual foi momentaneamente perturbada por causa da rebelião de Lúcifer. A 'terra' simboliza 'o mundo das trevas, controlado por Lúcifer'. Porque Lúcifer e os seres, que a seguiram, quebraram a ordem estabelecida por Deus, foi dito que a terra era sem forma. Depois, lemos que a terra era 'vazia'. Isso expressa o coração de Deus, depois de ser traído por Lúcifer, a quem tanto amava.

Mas a rebelião logo foi reprimida e os espíritos malignos foram confinados na parte mais profunda do Inferno, o Abismo. Isso é expresso na frase: "trevas cobriam a face do abismo." Deus trouxe de volta ordem e paz, colocando o poder das trevas no Abismo, e isso é explicado na frase,: "o Espírito de Deus pairava sobre a face das águas."

Deus Criou a Terra no Primeiro Céu

Quando a Terra foi feita, sua condição não era como a de hoje. Havia atividade sísmica, erupções vulcânicas e movimentos das placas e crosta terrestres, além dos vários tipos de atividades acontecendo na atmosfera.

Portanto, essa condição instável da Terra é explicada na frase,: "... a terra era sem forma e vazia." Depois, o versículo diz,: "... trevas cobriam a face do abismo." Significa que quando a

Terra foi criada, não havia sol, lua, ou outras estrelas em nossa galáxia e, assim, a Terra era coberta de escuridão. Quando Deus estava enchendo a Terra com as coisas necessárias, Ele empregou todos os seus melhores esforços. Assim como um pai que está construindo e mobiliando a casa para sua família, com todo o seu carinho, Ele teve carinho para com toda a Terra e realizou a Sua obra da criação.

Esse processo é explicado na expressão: "o Espírito de Deus se movia sobre a face das águas." Nesse momento, o Próprio Deus desceu à Terra. Ele buscou aquilo que iria precisar e pensou em como faria as coisas, passando por todo o planeta. A Bíblia diz que o Espírito de Deus movia-se sobre a 'face das águas.' Isso nos mostra que a Terra naquela época era completamente coberta de água. Assim como um feto cresce no líquido amniótico dentro do útero, a Terra foi coberta por águas durante muito tempo, até que os seis dias da criação chegassem.

Então, de onde veio essa água que cobria toda a Terra? Essa água era a água da vida que fluía do trono de Deus. Deus a fez, quando criou o vasto mundo espiritual, e Ele trouxe essa água à Terra. A razão de Ele ter coberto a Terra com água foi para fazer um bom ambiente para todos os seres vivos, incluindo os seres humanos que viveriam na Terra futuramente.

Não podemos encontrar nenhum outro planeta tão cheio de água como a Terra, no sistema solar. Na verdade, nunca encontramos nenhum outro planeta com água o suficiente para a vida. Isso é porque Deus trouxe essa água da vida somente para a Terra e fez o ambiente básico onde os seres vivos conseguiriam continuar suas vidas.

Quando Deus cobriu a Terra com a água da vida, Ele queria que todos os homens tivessem a vida eterna Nele. Ele queria que todos os seres humanos que viveriam na Terra viessem a ser verdadeiros filhos Dele, com um coração puro e limpo, como a água da vida.

A Providência de Deus ao Separar a Luz e as Trevas

Finalmente, Deus começou Seu primeiro dia da criação. Gênesis 1:3-4 diz: *"Disse Deus: "Haja luz", e houve luz. Deus viu que a luz era boa, e separou a luz das trevas."* Deus disse: "Haja luz." Luz aqui é luz espiritual e é a luz que flui do trono de Deus. Ela tem o poder e a divindade Dele. Deus cobriu a Terra com essa luz e estabeleceu a fundação da Terra, para que ela não mais fosse sem forma e vazia, mas se operasse de forma sistemática e organizada.

Então, Gênesis 1:4-5 diz: *"Deus viu que a luz era boa, e separou a luz das trevas. Deus chamou à luz dia, e às trevas chamou noite. Passaram-se a tarde e a manhã; esse foi o primeiro dia."* Ao ordenar que a luz existisse, a ordem básica e as regras da natureza foram estabelecidas na Terra e, portanto, mesmo quando ainda não havia sol ou lua, ela se operava como se eles existissem. Em outras palavras, o dia e a noite na Terra não foram feitos pelo sol e pela lua. A ordem e regra em relação ao dia e à noite já tinham sido estabelecidas por Deus, e o sol e a lua foram criados mais tarde para governarem sobre o dia e a noite.

Entretanto, a separação do dia e da noite tem um significado espiritual mais importante do que a questão física. Significa que no primeiro dia da criação, Deus libertou Lúcifer e alguns dos anjos caídos do Abismo e o mundo dos espíritos malignos se formou. Deus sabia que era necessário que houvesse luz e trevas espirituais para o cultivo humano, assim como tudo na Terra segue o ciclo do dia e noite. Ele planejou tudo, mesmo antes das eras e, quando o tempo veio, Ele deu autoridade a Lúcifer, que O tinha traído, para fazer dela a senhora das trevas.

Isso, porém, não quer dizer que Ele deu a ela a mesma autoridade Dele, que é o Mestre e Dono do vasto universo. Ele permitiu que ela governasse sobre seus seres espirituais e tivesse uma ordem e um sistema, única e exclusivamente para o propósito do cultivo humano, de modo que ele acontecesse com justiça. Na verdade, Lúcifer, a senhora das trevas, costumava pertencer à luz, mas saiu dela e se corrompeu. No entanto, ela ainda está debaixo do poder e autoridade absolutos de Deus.

Deus Permitiu que Houvesse um Espaço de Trevas no Segundo Céu

Gênesis 1:6-8 diz: *"Depois disse Deus: "Haja entre as águas um firmamento que separe águas de águas." Então Deus fez o firmamento e separou as águas que ficaram abaixo do firmamento das que ficaram por cima. E assim foi. Ao firmamento, Deus chamou céu. Passaram-se a tarde e a manhã; esse foi o segundo dia.''*

Com a água da vida que fluía do trono de Deus, Ele estabilizou a Terra, o palco do cultivo humano. Então, Ele criou o firmamento. O firmamento que ficava na Terra se refere à atmosfera que foi feita. Deus então separou a água que cobria a Terra em água debaixo do firmamento e aquela acima dele.

A água debaixo do firmamento é a água que ficou na Terra. No terceiro dia da criação, as águas se reuniram em um lugar para formarem o oceano, que se tornou fonte para formação de outros corpos de água, como rios e lagos na Terra. A água acima do firmamento era usada para fenômenos meteorológicos como formação de nuvens e precipitação, e o seu uso principal era para o Jardim do Éden.

Quando a Bíblia diz: 'firmamento' ela não se refere apenas ao céu que vemos. Em Gênesis 1, vemos que tudo que Deus criou durante os seis dias da criação era 'bom', com exceção do segundo dia. No segundo dia Deus não pronunciou a palavra 'bom'. A razão disso é que no segundo dia Deus permitiu que o espaço das trevas fosse formado no segundo céu, para os espíritos malignos, pois eles haviam recebido o 'poder do ar' e mais tarde seriam usados como instrumentos no processo do cultivo humano.

Efésios 2:2 diz: *"...nos quais costumavam viver, quando seguiam a presente ordem deste mundo e o príncipe do poder do ar, o espírito que agora está atuando nos que vivem na desobediência."* Isso nos diz que o espaço das trevas onde os espíritos malignos ficam é o 'ar.' É em um espaço adjacente ao leste do Jardim do Éden, e é nele que os espíritos malignos vão morar até que o cultivo humano seja concluído.

Obviamente, o Jardim do Éden também fica no segundo céu, assim como o espaço para o Banquete de Casamento de Sete Anos, que será realizado depois da conclusão do cultivo humano. Entretanto, como o espaço das trevas onde os espíritos malignos teriam poder fora formado, Deus não disse que o segundo dia foi 'bom'.

O Mundo dos Espíritos Malignos

Antes de se tornar a senhora das trevas, Lúcifer tinha visto e aprendido muitas coisas, sendo tão próxima a Deus Pai. Ela viu como Ele governava sobre o vasto espaço espiritual, através dos anjos e querubins e, quando ela formou o mundo dos espíritos malignos, ela imitou o modo de Deus fazer algumas coisas. Ela estabeleceu duas cadeias de comando para passar ordens e governar sobre o mundo das trevas: uma é a cadeia dos dragões e seus anjos, e a outra é a de Satanás e os diabos.

Primeiramente, Lúcifer deu aos dragões autoridade prática semelhante à que generais de exércitos têm e organizou os anjos sob o comando deles, de modo que eles dessem suporte ao seu trabalho. Os quatro dragões que têm o 'poder do ar' controlam os homens das trevas, a fim de receberem adoração. Os dragões penetram em lugares de idolatria, o que resulta em pessoas adorando-os.

Lúcifer controla tudo 'nos bastidores', enquanto trabalha através de Satanás. Satanás controla os pensamentos das pessoas de inverdade e tem exatamente o mesmo coração e pensamento que Lúcifer. Satanás não tem uma forma sólida e aparece como uma fumaça negra. Por essa razão, aqueles que recebem as obras de Satanás têm algo como uma nuvem negra em volta de seus rostos. Em algumas pessoas, a fumaça preta cobre todo o corpo delas, da cabeça aos pés.

E é a obra do diabo que incita as pessoas a colocar os pensamentos de inverdade em ação. Alguns dos anjos caídos foram libertos para agirem como diabos. Eles fazem o oposto dos anjos e suas vestimentas são completamente pretas.

Quando uma pessoa faz coisas más, instigada pelo diabo, a ponto até de entregar seu coração a ele, o diabo então finalmente a subjuga. Demônios são espíritos malignos, mas não são seres espirituais que foram feitos por Deus, como os anjos. Eles já foram seres humanos que viveram nesta terra. Algumas das pessoas que morreram sem a salvação vêm a este mundo em casos especiais e agem como ferramentas dos espíritos malignos.

O mundo dos espíritos malignos foi formado com Lúcifer como seu líder, e eles atrapalham as obras de Deus. Seus esforços são aplicados sempre em levar ao caminho do Inferno, nem que seja mais uma alma.. A razão pela qual Deus deu a Lúcifer e aos espíritos malignos o poder das trevas foi para obter filhos verdadeiros através do cultivo humano. Filhos verdadeiros creem em Deus, em Jesus Cristo, o Salvador, e amam e obedecem a

Deus de bom grado.

O mundo dos espíritos malignos pode ser comparado ao fertilizante que o agricultor põe no campo. Fertilizantes químicos são agentes que possuem certo grau de toxidade e são prejudiciais à saúde, se ingeridos. Mas se são postos nas plantações, ajudam-nas a produzirem bem. Semelhantemente, por meio das obras de Lúcifer e espíritos malignos que enfrentam Deus e levam Seus filhos a pecarem, podemos ver claramente como as trevas são imundas e como a Luz é preciosa. Então passamos a ansiar cada vez mais pela Luz e desejamos nos tornar filhos Dela. Consequentemente, Lúcifer e os espíritos malignos estão ajudando com o cultivo humano.

Por meio do livre arbítrio, Deus deu ao homem o poder da escolha, para que ele pudesse escolher, por conta própria, entre a luz e as trevas. Deus habita na luz e é natural que aqueles que O amam queiram estar na Luz, mais perto de Deus. É através desse processo que Deus obtém filhos verdadeiros. Esse processo é o cultivo humano. Deus é a Luz verdadeira e aqueles que saem das trevas e entram na Luz passam a se parecer com Deus. São essas as pessoas que podem ser consideradas como verdadeiras filhas de Deus. Elas viverão com o Senhor para sempre no espaço da Luz e desfrutarão eterna felicidade e glória dada pelo Pai.

Áreas de Luz e Trevas Coexistem no Segundo Céu

O espaço da luz é governado por Deus e inclui o Éden, no segundo céu; o terceiro céu abriga o reino do céu; e o quarto céu é a área original de Deus.

No segundo céu, a área da luz e a área das trevas coexistem. Como explicado acima, Deus separou luz e trevas no primeiro dia da criação. Lúcifer e os espíritos malignos foram libertos no primeiro dia e passaram a habitar na área das trevas, no segundo céu, a partir do segundo dia. Deus permitiu que eles ficassem nessa área das trevas no segundo céu durante o curso do cultivo humano.

Agora, que tipos de espaços existem na área da luz, no segundo céu?

Um deles é o lugar para o Banquete de Casamento de Sete Anos que o Senhor preparou. As almas salvas, que são frutos do cultivo humano, participarão desse Banquete no futuro. 1 Tessalonicenses 4:17 diz: *"Depois nós, os que estivermos vivos, seremos arrebatados com eles nas nuvens, para o encontro com o Senhor nos ares. E assim estaremos com o Senhor para sempre."* Os 'ares', nesse versículo, se refere a esse espaço na área da luz no segundo céu.

Outra parte na área da Luz é o Jardim do Éden. Muitas pessoas acham que ele ficava na Terra e, assim, algumas já até o procuraram em Israel e outras partes do Oriente Médio. Contudo, ninguém nunca achou nenhum traço do Jardim do Éden até hoje. Isso é porque ele não foi feito na Terra, mas no segundo céu, que fica no mundo espiritual.

Deus fez o primeiro homem, Adão, na Terra e depois o levou

até o Jardim do Éden. Isso é porque Adão foi feito do pó da terra, mas não era um ser físico. Gênesis 2:7 diz: *"Então o Senhor Deus formou o homem do pó da terra e soprou em suas narinas o fôlego de vida, e o homem se tornou um ser vivente."* Adão se tornou um ser vivente, um espírito vivente, por causa do fôlego de vida de Deus. O espaço físico não era adequado a Adão, que era um ser espiritual, mas sim o Jardim do Éden, que é um espaço espiritual, localizado no segundo céu.

O Jardim do Éden é um mundo espiritual, mas é diferente do reino do céu, no terceiro céu. É um mundo espiritual, mas se as pessoas de lá descerem à Terra, nós podemos vê-las e tocá-las. O ambiente do Jardim do Éden é semelhante ao da Terra, mas as plantas e os animais jamais morrem ou perecem, pois é um mundo espiritual. É completamente puro e limpo, e o ambiente natural é preservado como foi criado. A vastidão de sua área ultrapassa a imaginação. Uma vez que Adão era um espírito vivente, além da Terra, Deus também fez esse Jardim do Éden no segundo céu para ele.

O Terceiro e o Quarto Céus

O terceiro céu é o lugar onde fica o reino do céu. É onde fica o trono de Deus e é um espaço onde os Seus filhos, que são salvos através de Jesus Cristo, viverão para sempre. O apóstolo Paulo foi levado ao terceiro céu e viu o Paraíso. Além disso, em Apocalipse 21, o apóstolo João explicou detalhadamente sobre a cidade de Nova Jerusalém. Podemos ver que o reino do céu não é como um espaço aberto, mas tem diferentes lugares.

Primeiro, o Paraíso, que foi visto por Paulo, é o lugar onde os crentes que têm fé para meramente serem salvos irão habitar (Lucas 23:42-43). Aqueles com uma fé maior irão para o Primeiro Reino do Céu, e aqueles com fé ainda maior irão para o Segundo Reino do Céu.

Aqueles que se livraram de todas as formas de maldade e se santificaram irão para o Terceiro Reino do Céu. Aqueles que não apenas se livraram de toda maldade, mas também alcançaram a fé que agrada a Deus, isto é, aqueles que atingiram o nível de espírito pleno, irão para a cidade de Nova Jerusalém, onde fica o trono de Deus. Dentre esses diferentes lugares do terceiro céu, a Nova Jerusalém é a que mais brilha. À medida que você se distancia dela, menor o brilho, sendo o Paraíso o local de menos brilho. Ainda assim, o primeiro céu, onde moramos, não pode se comparar a ele, que é mais bonito e brilhante do que o Jardim do Éden, no segundo céu.

O quarto céu é o espaço onde Deus existia sozinho no princípio. É um espaço exclusivamente para a Trindade. O local onde o Deus original se concentrou como uma única luz fica no quarto céu, que fica na mesma dimensão que a do universo original. No primeiro, segundo e terceiro céus existem diferentes fluxos de tempo respectivamente. Entretanto, no quarto céu podemos dizer que o fluxo de tempo praticamente não existe, e não existe limitação imposta pelo tempo. Além do mais, Deus pode fazer aquilo que bem entende lá, o que significa que não há limitação de espaço também.

Ninguém pode entrar nesse espaço por simplesmente desejar, mas apenas o Deus Trino. Apenas dois arcanjos e pessoas muito especiais dentre aquelas da Nova Jerusalém podem entrar lá com a permissão de Deus. Ninguém pode sequer se aproximar desse espaço sem a concessão Dele. Se alguém vai lá sem a permissão de Deus, seu espírito se esvai como fumaça.

Até agora, vimos o vasto mundo espiritual. Deus dividiu o espaço único original fazendo o primeiro, segundo, terceiro e quarto céus como parte de Seu plano, para obter filhos verdadeiros. Assim como existem espaços como que alinhados do 'céu', existem também espaços alinhados que pertencem aos espaços da 'terra'. São eles a Sepultura Superior, a Sepultura Inferior e o Abismo.

Sepultura Superior e Sepultura Inferior

Deus Se refere ao lugar que pertence a Ele como 'céu', e ao lugar que pertence ao inimigo, diabo e Satanás, como 'terra'. Mas há uma exceção, e ela é a Sepultura Superior.

Aqueles que são salvos ficarão na Sepultura Superior por três dias, antes de irem para o lugar de espera no Paraíso. A Sepultura Superior pertence à 'terra', e não ao 'céu', no mundo espiritual. Todavia, isso não significa que ela pertence à escuridão. A Sepultura Superior é também uma área de luz que pertence a Deus, e o inimigo não pode entrar lá. Ela é claramente distinguível da Sepultura Inferior, que está sob o domínio do poder das trevas. A Sepultura Superior é uma área de verdade e luz.

No entanto, a razão pela qual se considera que ela pertence à 'terra' é porque ela não é melhor nem mesmo do que o Jardim do Éden, que fica no segundo céu. Por isso, quando a bíblia menciona sobre aqueles que são salvos indo para a Sepultura Superior, ela diz que eles 'descem', e não 'sobem'.

Gênesis 37:35 diz: *"Todos os seus filhos e filhas vieram consolá-lo, mas ele recusou ser consolado, dizendo: "Não! Chorando, descerei à sepultura para junto de meu filho." E continuou a chorar por ele."* 'Sepultura' aqui, ou Sheol, se refere à Sepultura Inferior para aqueles que não são salvos, mas a Sepultura Superior é para os salvos.

Além disso, 1 Samuel 28:12-13 diz: *"Quando a mulher viu Samuel, gritou e disse a Saul: 'Por que me enganaste? Tu mesmo és Saul!' O rei lhe disse: 'Não tenha medo. O que você está vendo?' A mulher respondeu: 'Vejo um ser que sobe do chão.'"* Essa é uma ocasião em que uma médium se surpreendeu ao ver Samuel morto. Samuel estava na Sepultura Superior, e é por isso que se diz que o ser subia do chão.

Obviamente, não quer dizer que essa médium invocou o espírito de Samuel. Feiticeiros ou médiuns não têm o poder da comunicação com Deus nem de chamar espíritos mortos. Eles só podem contatar a área das trevas e chamar demônios.

Isso, entretanto, foi numa ocasião especial em que Deus,

surpreendentemente, trouxe Samuel, que estava na Sepultura Superior, para fazê-lo saber qual era a Sua vontade. Saul já tinha sido abandonado por Deus devido à sua desobediência, mas Ele lhe deu uma graça especial, permitindo-lhe que ainda fosse rei de Israel, e Se lembrou de que Samuel, quando estava vivo, havia orado com luto e lágrimas para que Saul se convertesse de sua desobediência e de seus caminhos ímpios.

A razão pela qual Samuel estava na Sepultura Superior foi porque aquele era um tempo antes de Jesus tomar a cruz. Só depois que Jesus tomou a cruz e ressuscitou foi que Ele levou as almas da Sepultura Superior à sala de espera no Paraíso. Antes da ressurreição de Jesus, as almas salvas ficavam na Sepultura Superior com Abraão, o pai da fé, que era encarregado do lugar. É por isso que a Bíblia diz que as almas salvas vão para o 'seio de Abraão'. Lucas 16:22 diz: *"Chegou o dia em que o mendigo morreu, e os anjos o levaram para junto de Abraão. O rico também morreu e foi sepultado."*

A Bíblia não faz distinção clara entre a Sepultura Superior e Inferior, e diz simplesmente que as pessoas descem para o Sheol, também conhecido como Hades. Mas na parábola do homem rico e o mendigo Lázaro, Jesus falou sobre os diferentes lugares para aqueles que são salvos e aqueles que não são. Lázaro foi salvo e foi para o seio de Abraão, isto é, a Sepultura Superior, um lugar bem diferente da Sepultura Inferior, para onde o homem rico foi. Há um grande abismo entre os dois lugares e não se pode cruzá-lo para visitar o outro lado. Quando explicamos sobre o mundo espiritual em termos de céu e terra, dizemos que a Sepultura Superior pertence à terra, mas certamente fica na área da luz que pertence a Deus.

O Inferno Contém os Lagos, Fogo e Enxofre

A área das trevas também tem um lago de fogo e um lago de enxofre, além da Sepultura Inferior. Quando aqueles que não são salvos morrem, eles sofrem na Sepultura Inferior e depois vão para o lago de fogo ou de enxofre após o Grande Julgamento. O julgamento é feito sem erro pelo Livro da Vida, que tem os nomes daqueles que são salvos e outros livros que contêm as obras de cada um.

Apocalipse 20:12-15 fala sobre como o julgamento é feito:

Vi também os mortos, grandes e pequenos, em pé diante do trono, e livros foram abertos. Outro livro foi aberto, o livro da vida. Os mortos foram julgados de acordo com o que tinham feito, segundo o que estava registrado nos livros. O mar entregou os mortos que nele havia, e a morte e o Hades entregaram os mortos que neles havia; e cada um foi julgado de acordo com o que tinha feito. Então a morte e o Hades foram lançados no lago de fogo. O lago de fogo é a segunda morte. Aqueles cujos nomes não foram encontrados no livro da vida foram lançados no lago de fogo.

'Os mortos' se referem àqueles que não aceitaram Jesus Cristo ou aqueles que têm uma fé morta. Eles ficarão diante do trono de Deus para serem julgados, e haverá livros sendo abertos. Além do Livro da Vida, que registra os nomes dos salvos, existem outros livros que registram cada obra dos mortos que não são salvos. Não somente as obras de todas as pessoas, mas também todos os seus pensamentos e o que alimentaram em seus corações e mentes desde o nascimento até a morte são registrados por anjos. Os não salvos serão julgados de acordo com a magnitude de seus pecados registrados nos livros e receberão punição eterna.

"O mar" se refere ao estágio do cultivo humano, que é este mundo. Portanto, a expressão, 'o mar entregou os mortos' nos diz que eles foram cultivados nesta terra e que o mundo entregará seus mortos, seus corpos físicos, para o julgamento. Quando as pessoas morrem sem a salvação, seu espírito fica preso na Sepultura Inferior enquanto seus corpos voltam para o pó da terra. No entanto, no Julgamento Final, os espíritos que estavam na Sepultura Inferior ganharão corpos que são apropriados ao julgamento.

Depois vemos, "e a morte e o Hades entregaram os mortos que neles havia." Significa que aqueles que estavam na Sepultura Inferior e estão destinados a sofrer a morte eterna por causa dos seus pecados estarão diante de Deus para serem julgados. Até que o Julgamento do Grande Trono Branco aconteça, eles recebem vários tipos de castigos na Sepultura Inferior como serem dilacerados por insetos ou animais, ou serem torturados por mensageiros do inferno.

Depois do Grande Julgamento, eles vão ou para o lago de fogo ou para o de enxofre (Apocalipse 21:8). A dor no lago de fogo é incomparavelmente maior do que as dores infligidas na Sepultura Inferior. Ali se sofrerá e será queimado com fogo, *"O SEU VERME NÃO MORRE E O FOGO NÃO SE APAGA"* (Marcos 9:47-49). O lago de enxofre é onde aqueles que cometeram pecados graves como a blasfêmia contra o Espírito Santo e a perturbação de Suas obras. Ele é sete vezes mais quente que o lago de fogo.

O Abismo

O lugar mais fundo da área das trevas é o Abismo, onde os espíritos malignos entrariam. Depois que o Senhor voltar, os filhos salvos de Deus irão para o Banquete de Casamento de Sete Anos. Durante o mesmo período, esta terra terá um tempo de tribulação. Os espíritos malignos que estavam nos ares serão mandados para a terra e assumirão o poder. O mundo será varrido pela Terceira Guerra Mundial, e grandes tragédias, como o inferno, acontecerão na terra. Depois dos Sete Anos da Grande Tribulação, os espíritos malignos serão presos no Abismo e o Reino do Milênio irá começar nesta Terra.

Os filhos de Deus, quando tiverem acabado os Sete Anos de Banquete de Casamento nos ares, descerão à Terra com o Senhor e reinarão com Ele por mil anos (Apocalipse 20:4). A Terra, que fora devastada pelos Sete Anos de Tribulação, terá sido renovada completamente e será um lindo ambiente. Quando o Reino do Milênio estiver quase acabando, os espíritos malignos serão soltos novamente por um momento pela providência de Deus, mas serão confinados de novo no Abismo, após o Julgamento do Grande Trono Branco.

Até antes do Julgamento do Grande Trono Branco, Lúcifer e seus mensageiros controlam a Sepultura Inferior, mas depois do Julgamento, a Sepultura Inferior e o Inferno serão operados somente pelo poder de Deus. Os espíritos malignos serão lançados fora como lixo no Abismo, que é frio e escuro. Serão presos num estado em que não se conseguem se mexer, como se estivessem sendo pressionados por uma grande pedra. Os anjos caídos seriam lançados fora com suas asas cortadas, como símbolo de maldição e vergonha.

Ser lançado fora pode não soar tão horripilante quanto as dores e castigos do Inferno, mas o é. Assim como a pressão aumenta cada vez mais, à medida que mergulhamos mais fundo, a força da carne aumenta mais e mais, à medida que você desce mais no Inferno. O Abismo é a parte mais funda do Inferno, e toda a energia carnal será condensada ali. É castigo muito mais assustador e doloroso ir para o Abismo do que ser torturado pelos mensageiros do inferno na Sepultura Inferior ou sofrer no lago de fogo ou de enxofre.

Imagine que você esteja preso em algo como uma grande massa sólida de concreto, onde não se consegue mexer absolutamente nada de seu corpo. Você tem consciência, mas não pode respirar ou piscar. Você é um fóssil vivo. Fossilizado, você recebe diferentes tipos de dores, a força do desespero e a pressão que o empurram para baixo, como se fossem explodi-lo.

Lúcifer era muito amada por Deus antes de se corromper, mas caiu nessa maldição eterna ao se rebelar contra Deus. Deus não puniu Lúcifer assim que ela se corrompeu. Além do mais, ela era também uma mera criatura que Deus poderia ter destruído imediatamente, mas Ele não o fez e havia uma razão para isso.

É porque nós podemos vir a ser verdadeiros filhos de Deus, graças à existência de Lúcifer, o senhor das trevas, durante o curso do cultivo humano. Podemos nos transformar em filhos da luz, que se parecem com Deus, estando alertas e orando, enquanto o diabo está rondando, rugindo como leão, tentando achar alguém que possa devorar. Deus quer compartilhar felicidade eterna com Seus filhos da luz na Nova Jerusalém, que é um espaço de luz. Agora, quais são as qualificações para se entrar nesse espaço de luz?

Capítulo 2
Qualificações para se Entrar no Espaço da Luz

Luz e trevas não podem coexistir.
Para entrarmos no espaço da luz,
precisamos resolver o problema das trevas.
Quanto mais comunhão tivermos com Deus, que é Luz,
e o coração de Jesus Cristo,
mais forte será o brilho da luz do espaço para o qual poderemos ir..

Deus Deseja Filhos da Luz

Pratique a Bondade com o Coração do Espírito

Produza o Fruto da Justiça com Fé

Produza o Fruto da Honestidade com Obras

Os Frutos da Luz Nos Levam ao Espaço da Luz

As pessoas precisam ir para o espaço da luz ou das trevas, depois que suas vidas na Terra acabarem. Uma vez que o espírito dos humanos não pode se extinguir, ele precisa ir para o Céu ou para o Inferno.

A esse respeito, Hebreus 9:27 diz: *"Da mesma forma, como o homem está destinado a morrer uma só vez e depois disso enfrentar o juízo..."* Além disso, João 5:29 diz: *"...os que fizeram o bem ressuscitarão para a vida, e os que fizeram o mal ressuscitarão para serem condenados."* A vida nesta terra não é o fim. Há uma vida que é eterna, e uma vez terminada a nossa vida aqui, existem apenas duas alternativas: ir para o Céu ou ir para o Inferno.

O Deus de amor quer que todos recebam a salvação e desfrutem felicidade na área da luz. 1 Pedro 2:9 diz: *"Vocês, porém, são geração eleita, sacerdócio real, nação santa, povo exclusivo de Deus, para anunciar as grandezas daquele que os chamou das trevas para a sua maravilhosa luz."*

Examinemos, pois, se podemos entrar em Sua maravilhosa área de luz como sacerdócio real.

Deus Deseja Filhos da Luz

O apóstolo Paula fala sobre Deus da seguinte forma: *"[Deus] o único que é imortal e habita em luz inacessível, a quem ninguém viu nem pode ver. A ele sejam honra e poder para sempre. Amém"* (1 Timóteo 6:16). Significa que Deus habita na luz, e que Ele é eterno e perfeito. 1 João 1:5 diz: *"Esta é a mensagem que dele ouvimos e transmitimos a vocês: Deus é luz; nele não há treva alguma."* Tiago 1:17 também diz: *"...[Deus] que não muda como sombras inconstantes."* Deus é a própria Luz e Ele não possui sequer uma variação de sombra. Por essa razão, a Bíblia nos diz em diversas partes, que nós também precisamos nos tornar pessoas da luz que se parecem com Deus.

1 Tessalonicenses 5:5 diz: *"Vocês todos são filhos da luz, filhos do dia. Não somos da noite nem das trevas"*, e Efésios 5:8-9 diz: *"Porque outrora vocês eram trevas, mas agora são luz no Senhor. Vivam como filhos da luz, pois o fruto da luz consiste em toda bondade, justiça e verdade."* Mateus 5:14-16 também diz: *"Vocês são a luz do mundo. Não se pode esconder uma cidade construída sobre um monte. E, também, ninguém acende uma candeia e a coloca debaixo de uma vasilha. Ao contrário, coloca-a no lugar apropriado, e assim ilumina a todos os que estão na casa. Assim brilhe a luz de vocês diante dos homens, para que vejam as suas boas obras e glorifiquem ao Pai de vocês, que está nos céus."*

Luz e trevas não podem coexistir. Para entrar no espaço da luz temos de resolver o problema da escuridão.

Agora, o que é essa escuridão da qual temos de nos livrar para nos tornar filhos da luz? Colocado de forma simples, escuridão, ou trevas, se refere a tudo que pertence ao pecado. Essas são as coisas da carne e obras da carne, que foram esclarecidas detalhadamente no *Volume 1 de Espírito, Alma e Corpo*.

As obras da carne são pecados cometidos em ação, e as coisas da carne são os pecados cometidos na mente e pensamentos. Por exemplo: maldade, ganância, perversidade e inveja são coisas da injustiça como em Romanos, capítulo 1. Além do mais, como em Gálatas 5, imoralidade, impureza, sensualidade, idolatria, feitiçaria, inimizade, briga, ciúmes, explosões de raiva, disputas, dissensões, facções, inveja, bebedeiras e farra são 'obras da carne.'

Existem também coisas que parecem não ser das trevas, mas são más aos olhos de Deus. Assim como as trevas não podem existir diante da luz, o pecado e a maldade que pertencem à escuridão serão revelados quando a luz da verdade estiver sobre eles. Com a Palavra de Deus, que é luz, podemos nos dar conta da escuridão que outrora não havíamos percebido por nós mesmos.

Por exemplo, Jesus explicou que Ele ia morrer em Jerusalém em breve, e Pedro tentou impedi-Lo, por causa do seu amor por Ele. Então, Jesus o repreendeu dizendo: *"Para trás de Mim, Satanás!"* (Mateus 16:23)

Pedro achou que era seu dever impedir que Jesus morresse, mas aquilo eram trevas aos olhos de Deus. Era da vontade de Deus que Jesus fosse crucificado e abrisse o caminho da salvação. Com aquela repreensão, Pedro se tornou um apóstolo humilde que ressuscitou mortos e levou milhares de pessoas ao arrependimento, um dia depois que recebeu o Espírito Santo. Como explicado, para que alguém entre na área da luz, a pessoa precisa sair do mundo das trevas e agir como filha da luz. Vamos dar uma olhada no que exatamente precisamos fazer.

Alcance a Justiça de Deus com Fé

Para que entremos no espaço da luz, nós primeiro temos de nos arrepender do pecado de não crer em Deus e então aceitar Jesus Cristo. Todo aquele que recebe o perdão de pecados, crendo em Jesus Cristo, terá a qualificação para entrar no espaço da luz. Romanos 3:22 diz: *"...justiça de Deus mediante a fé em Jesus Cristo para todos os que creem. Não há distinção."*

João 14:6 diz: *"Respondeu Jesus: 'Eu sou o caminho, a verdade e a vida. Ninguém vem ao Pai, a não ser por mim'"*; e Romanos 10:9 diz: *"Se você confessar com a sua boca que Jesus é Senhor e crer em seu coração que Deus o ressuscitou dentre os mortos, será salvo."*

Se confessarmos com a nossa boca que Jesus é o Senhor e crermos no coração que Deus O ressuscitou dentre os mortos, significa que cremos na providência da cruz e no poder da ressurreição. Em outras palavras, cremos que Jesus morreu na cruz em nosso lugar, que, como pecadores, estávamos destinados ao castigo eterno por causa do pecado, e que Ele derramou Seu precioso sangue para nos redimir de todos os nossos pecados.

Se realmente acreditarmos nesse fato, confessaremos todos os nossos pecados e decidiremos viver na luz com gratidão ao Senhor que sofreu por nós. Para pessoas assim, Deus lava todo pecado com o sangue do Senhor e lhes dá o dom do Espírito Santo. Ele as reconhece como Suas filhas e escreve seus nomes no livro da vida (Apocalipse 20:15, 21:27). É assim que podemos usufruir de vida eternal no Céu, que é um espaço de luz, quando reconhecemos que não vivíamos segundo a Palavra de Deus, nos convertemos dos nossos pecados e andamos na luz.

Tenha Comunhão com Deus, que é Luz

1 João 1:6-7 diz: *"Se afirmarmos que temos comunhão com ele, mas andamos nas trevas, mentimos e não praticamos a verdade. Se, porém, andarmos na luz, como ele está na luz, temos comunhão uns com os outros, e o sangue de Jesus, seu Filho, nos purifica de todo pecado."* Ao aceitarmos Jesus Cristo e recebermos o dom do Espírito Santo, temos de aprender e praticar a Palavra de Deus, que é a verdade, e ser considerada como um filho que tem comunhão com Deus.

1 João 2:3 diz: *"Sabemos que o conhecemos, se obedecemos aos seus mandamentos"*, e 1 João 3:23 diz: *"E este é o seu mandamento: Que creiamos no nome de seu Filho Jesus Cristo e que nos amemos uns aos outros, como ele nos ordenou."*

Temos de nos livrar de não apenas nossos pecados cometidos em ações, mas também da maldade em nossos corações.obedecermos às palavras de Deus que nos falam para regozijarmos, darmos graças, amarmos, nos humilharmos, servirmos os outros e guardarmos os mandamentos. É desse jeito que podemos cultivar o coração do Senhor com a graça e a força de Deus e a ajuda do Espírito Santo.

Nossa habitação celestial vai variar de acordo com o tanto que nos santificarmos e com o tanto de luz que emanaremos, tendo-nos tornado pessoas espiritualmente boas, através da comunhão com Deus, que é Luz. Portanto, por mais que tenhamos recebido a salvação e obtido as qualificações para entrarmos no espaço da luz, temos de tomar o reino do céu pela força continuamente, até alcançarmos o mais alto objetivo, que é a Nova Jerusalém.

Existem certas medidas pelas quais podemos examinar o quanto nos tornamos filhos da Luz. São elas: amor espiritual que está em 1 Coríntios 13; os nove frutos do Espírito Santo, em Gálatas 5; as Bem-Aventuranças, em Mateus 5; e os frutos da Luz em Efésios 5. Agora, vamos nos aprofundar nas qualificações para se entrar no espaço da luz, focando nos frutos da Luz.

Pratique a Bondade com o Coração do Espírito

Efésios 5:9 diz: *"...pois o fruto da luz consiste em toda bondade, justiça e verdade."*

Bondade é ter um coração lindo, sem maldade, mas só com características de bondade. Você faz boas obras aos que estão necessitados; não prejudica os outros; você obedece à Palavra de

Deus, além de fazer o seu melhor em toda a obra entregue a você, pois conhece o Deus Criador, da mesma forma que conhecemos a graça de nossos pais.

No mundo, as pessoas dizem que você é bom, se não reagir à maldade com maldade, mas tolerá-la. Mas se você ainda tiver desconforto ou ódio em sua mente, será que podemos dizer que você é realmente bom? A bondade dos homens e a bondade de Deus são muito diferentes. O primeiro nível de bondade que Deus reconhece é não pagar o mal com o mal, mas sem nenhum sentimento desconfortável no coração.

Foi esse o caso de José, marido da Virgem Maria. Mateus 1:19 diz: *"Por ser José, seu marido, um homem justo, e não querendo expô-la à desonra pública, pretendia anular o casamento secretamente."* Como José deve ter ficado triste ao ficar sabendo que sua noiva Maria estava grávida, sem nunca ter dormido com ele! No geral, outras pessoas teriam sofrido ainda mais no coração ou discutido com ela. José, todavia, não tinha maldade em seu coração e só quis deixá-la sem alardes.

O segundo nível de bondade é quando alguém age com maldade para conosco e, além de não termos sentimentos desconfortáveis, conseguimos mover o coração da outra pessoa com boas palavras e obras. O inimigo, o diabo e Satanás, não podem fazer nada com uma pessoa assim, que tenha alcançado esse nível de bondade.

Apesar de não ser culpado, Davi já vinha sendo caçado pelo

Rei Saul por muito tempo, quando, um dia teve a oportunidade perfeita para matar Saul. Davi tinha saído para batalhas e obtido diversas vitórias para a nação, mas Saul sequer lhe obedeceu e teve inveja dele. Ele perseguiu Davi com seu exército e tentou matá-lo.

Um dia Saul entrou na caverna onde Davi estava, se escondendo. Este poderia tê-lo matado, mas tudo o que fez foi cortar a orla da roupa de Saul. Mais tarde, quando Saul saiu, ele o chamou e disse: *"Olha, meu pai, olha para este pedaço de teu manto em minha mão! Cortei a ponta de teu manto, mas não te matei. Agora entende e reconhece que não sou culpado de fazer-te mal ou de rebelar-me. Não te fiz mal algum, embora estejas à minha procura para tirar-me a vida"* (1 Samuel 24:11).

Davi chamou Saul, que o estava perseguindo para tirar-lhe a vida. Ele o chamou dizendo: 'meu pai' e verdadeiramente se humilhou. Ele realmente queria confortar o coração de Saul dizendo que era como um cachorro e uma pulga, e não teve nenhuma intenção de matar Saul. Saul era mau, mas quando ouviu aquela profissão, fruto de bondade, foi comovido e se derramou em lágrimas. 1 Samuel 24:16-17 diz: *"'É você, meu filho Davi?' E chorou em alta voz. 'Você é mais justo do que eu', disse a Davi. 'Você me tratou bem, mas eu o tratei mal.'"*

Ele foi comovido e simplesmente voltou para casa. Se pagarmos o mal com bondade, e não com o mal, Satanás não pode mais trabalhar e até pessoas más são movidas. Obviamente, Saul era tão mau, que sua maldade voltou mais tarde, mas pelo menos naquele momento as trevas foram embora pela luz da bondade de Davi e Saul voltou atrás.

Ainda assim, existe um nível mais alto de bondade do que só comover o coração dos outros. É amar até mesmo os nossos inimigos e dar nossas vidas até por quem age com maldade para conosco. É a bondade de Deus, que mandou o Seu único Filho, e é a bondade de Jesus Cristo. Ele é o santo Filho de Deus e, mesmo assim, deu Sua vida por toda a humanidade.

Podemos sentir esse nível de bondade em Moisés e Paulo. Quando Deus estava para destruir todos os filhos de Israel, por causa dos seus pecados, Moisés orou para que eles fossem salvos, ainda que aquilo significasse que seu próprio nome fosse riscado do livro da vida (Êxodo 32:32). O apóstolo Paulo disse: *"Pois eu até desejaria ser amaldiçoado e separado de Cristo por amor de meus irmãos, os de minha raça"* (Romanos 9:3).

Estêvão foi martirizado, sendo apedrejado, enquanto pregava o evangelho. Ele não teve nenhum ressentimento, embora estivesse sofrendo aquilo sem ter nenhuma culpa, mas, na verdade, clamou ao Senhor em alta voz: *"Senhor, não os consideres culpados deste pecado"* (Atos 7:60).

Hoje as pessoas acham que se você é honesto ou gentil com os outros, você é quem sofre perdas e é tratado como bobo. Mas Deus é a própria bondade, e Ele nos protege com Seus olhos fumegantes, muros de fogo do Espírito Santo e anjos e hostes celestiais, quando seguimos a bondade. Isso nos traz bênçãos cada vez maiores e prosperidade em todas as coisas.

Obviamente, às vezes precisamos nos sacrificar e despender nossos esforços para seguirmos a bondade. Mas aqueles que são bons não consideram isso coisas difíceis. Na verdade, eles têm alegria em praticar a bondade. Força espiritual é não ter pecado, e nossa luz espiritual se tornará mais intensa, à medida que nos livrarmos da maldade e cultivarmos a bondade. Uma vez que entrarmos no nível de bondade que Deus reconhece, a maldade não pode mais sequer nos tocar por causa da nossa luz, e assim seremos capazes de destruir as armadilhas no inimigo, o diabo ou Satanás (1 João 5:18).

Produza o Fruto da Justiça com Fé

O segundo fruto da Luz é a justiça. Em geral, justiça é trabalhar pela causa correta com a vida, sem buscar o próprio interesse. Mas justiça na verdade é se livrar dos pecados, guardar os mandamentos da Bíblia e buscar o reino de Deus e Sua justiça, de acordo com a Sua vontade. Daniel é um dos melhores exemplos de quem teve grande justiça.

Daniel era de uma família real da tribo de Judá. Ele foi levado cativo em 605 a.C., quando o reino do sul de Judá foi invadido pelo Rei Nabucodonosor, da Babilônia. Quando a Babilônia estava recrutando homens talentosos de outras raças, Daniel foi escolhido junto com seus três amigos e trabalhou como alto oficial da Babilônia por muitos anos. Embora ele fosse um cativo, ele tinha uma alta posição na Babilônia, além de ser reconhecido como profeta verdadeiro de Deus. A razão é porque ele depositava sua confiança completamente em Deus e guardava a fé.

Na primeira vez que ele foi ter com o rei da Babilônia, ele era um jovem homem. Teve de ser treinado por três anos e foi submetido a aceitar a comida escolhida pelo rei. Entretanto, ele receava que aquele alimento incluísse escolhas detestáveis proibidas por Deus, e não quis aceitá-lo. Sendo cativo, ele não tinha muita escolha, mas ainda assim abominou e recusou aquilo que Deus abominava.

Para guardarem sua fé em Deus e não se sujarem, Daniel pediu ao supervisor que permitisse a ele e seus três amigos comerem somente legumes no lugar da comida escolhida pelo rei. Ele sugeriu que eles tomassem água e legumes por dez dias como um teste, e passado esse período, quando o supervisor comparou Daniel e seus amigos com os outros homens, pôde ver que a aparência daqueles era melhor do que a destes.

Deus viu a fé deles e lhes abençoou abundantemente. Daniel 1:17 diz: *"A esses quatro jovens Deus deu sabedoria e inteligência para conhecerem todos os aspectos da cultura e da ciência. E Daniel, além disso, sabia interpretar todo tipo de visões e sonhos."* O versículo 20 diz: *"O rei lhes fez perguntas sobre todos os assuntos que exigiam sabedoria e conhecimento e descobriu que eram dez vezes mais sábios do que todos os magos e encantadores de todo o seu reino."*

A Babilônia foi destruída pelos medos e persas em 539 A.C., durante o reinado do Rei Belsazar, filho de Nabucodonosor. Uma nova nação, o Império Persa, a substituiu. O Rei Dário, da Pérsia, queria nomear Daniel como ministro para governar todo o país, pois Daniel tinha um espírito extraordinário. Ele era cativo, mas mesmo quando as nações e reis mudaram, continuou muito querido.

Outros ministros e líderes tiveram inveja dele e tentaram achar uma maneira de acusá-lo (Daniel 6:4-5). No entanto, não conseguiram achar nenhuma falha nele, e sugeriram um decreto ao rei. Fingindo que estavam apoiando o rei, disseram que lançariam na cova dos leões qualquer pessoa que orasse a outro deus ou homem, que não fosse o rei, durante trinta dias. Era uma armadilha feita especificamente para Daniel, sabendo que ele orava três vezes por dia, virado para Jerusalém, com suas janelas abertas.

Sabendo dessa situação, Daniel mesmo assim orou três vezes ao dia de joelhos (Daniel 6:10). Ele podia ter cedido para manter sua fama e poder, ou simplesmente para evitar a morte, mas ele confiou em Deus completamente. No fim, ele foi jogado na cova dos leões por violar o mandado, mas não teve nenhum ressentimento contra o rei. Na verdade, ele abençoou o rei dizendo: "Que o rei viva para sempre!" Ele praticou a justiça independente da dificuldade da situação.

Ele não tinha nenhuma falha ou culpa diante de Deus e dos homens e, por essa razão, o inimigo, o diabo e Satanás, não puderam prejudicá-lo com nenhum tipo de esquema. Deus mandou Seu anjo para protegê-lo e ele saiu da cova dos leões vivo e glorificando a Deus. O tipo de justiça que Deus deseja de nós é guardar a fé e não ceder, ainda que estejamos enfrentando a morte, e também seguir a bondade em verdade, independente da maneira que as pessoas estiverem agindo para conosco.

Produza o Fruto da Honestidade com Obras

O terceiro fruto da Luz é a honestidade. A honestidade é constante. Ela é pureza, transparência e inocência; e nela não há falsidade, engano ou malícia. Por mais que você faça boas obras diligentemente e confesse a sua fé, isso não pode ser reconhecido por Deus como verdadeiro fruto da Luz, se você estiver fazendo tudo por ostentação. Em outras palavras, o que Deus quer de nós é uma confissão verdadeira de fé, boas obras e uma honestidade imutável que vem do nosso coração.

Em Gênesis 22, podemos ver como Abraão obedecia à Palavra de Deus, quando Ele lhe disse para sacrificar seu único filho Isaque, como oferta queimada. Mais cedo, de manhã, ele preparou Isaque para ir à terra que Deus tinha mostrado. Abraão jamais hesitou, e ele não teve nenhum conflito em sua mente, usando seus próprios pensamentos. No momento em que ele estava para oferecer Isaque como oferta queimada, o anjo de Deus apareceu a ele e falou para ele não tocar o rapaz. Deus disse: *"...agora Eu sei que você teme a Deus"* (Gênesis 22:12).

Hebreus 11:19 diz: *"Abraão levou em conta que Deus pode ressuscitar os mortos e, figuradamente, recebeu Isaque de volta dentre os mortos."* Abraão gerou seu filho Isaque pelo poder de Deus, através de Sara, que já passara muito da idade de conceber e produzir um bebê. Assim, ele cria que Deus ressuscitaria Isaque, depois que ele o oferecesse como oferta queimada. Podemos ver a confiança firme entre Deus e Abraão através deste evento.

Em diversas outras ocasiões podemos ver como Abraão era honesto. Ao chegar em Betel com seu sobrinho Ló, o número de rebanhos e gado era tão grande que seus pastores frequentemente brigavam entre si. Aqui, Abraão deu a preferência ao seu sobrinho dizendo: *"Aí está a terra inteira diante de você. Vamos separar-nos. Se você for para a esquerda, irei para a direita; se for para a direita, irei para a esquerda"* (Gênesis 13:9).

Ló foi para a terra do Jordão, que tinha água o bastante, buscando seu próprio bem, e chegou até Sodoma. A cidade de Sodoma foi atacada e muitos foram levados cativos. Ao ouvir essa notícia, Abraão enviou seus homens e trouxe Ló de volta juntamente com o povo de Sodoma. O rei de Sodoma ofereceu a Abraão seus tesouros, mas este os recusou (Gênesis 14:15-23).

Quando Sodoma e Gomorra foram destruídas com fogo do céu, Ló e suas duas filhas foram salvas por causa das orações de Abraão (Gênesis 18). Além disso, quando Abraão comprou a sepultura para sua esposa Sara, os hititas lhe ofereceram sua terra e a caverna de Macpela, mas ele pagou o preço justo (Gênesis 23:16). Ele teve muitos filhos de sua segunda esposa, e enquanto ele ainda era vivo, ele deu a cada um presentes para que eles não tivessem conflitos mais tarde. A partir de tudo isso, podemos ver a honestidade de Abraão.

Tiago 2:23-24 diz: *"Cumpriu-se assim a Escritura que diz: 'Abraão creu em Deus, e isso lhe foi creditado como justiça', e ele foi chamado amigo de Deus. Vejam que uma pessoa é justificada por obras, e não apenas pela fé."* Deus é a honestidade em si, e Ele abençoou Abraão por suas obras de fé. Abraão veio a habitar perto do trono de Deus, no espaço de luz mais brilhante, sendo amigo de Deus.

Os Frutos da Luz Nos Levam ao Espaço da Luz

Para que boas obras sejam vistas como frutos da Luz, elas devem conter justiça, que é a justiça de Deus. Mas ter bondade e justiça não basta. É preciso que haja verdade e honestidade nelas. Assim podemos produzir os frutos da Luz somente quando temos bondade, justiça e honestidade – todas as três características.

Agora, para que produzamos os frutos da Luz completamente, precisamos passar pelo processo de sair das trevas e entrar na luz, através de repreensões. É dito em Efésios 5:11-13: *"com as obras infrutuosas das trevas, mas, antes, condenai-as. Porque o que eles fazem em oculto, até dizê-lo é torpe. Mas todas essas coisas se manifestam, sendo condenadas pela luz, porque a luz tudo manifesta."*

Aqui, condenar não é só repreender uma falha. É uma repreensão para fazer a pessoa sair das trevas e vir para a luz. Às vezes, quando os membros da igreja estão em situações difíceis por causa de pecados, em vez de tentar confortá-los, eu os faço entender por que estão enfrentando os testes e provações. Eu os repreendo por não viverem na verdade. Todavia, ainda que ninguém nos repreenda, é importante que nos repreendamos, de acordo com a Palavra de Deus, quando tivermos feito algo errado.

Quando Deus revela e aponta cada um dos nossos pecados e trevas, é porque Ele nos ama. O Deus do amor quer que Seus filhos habitem na perfeita luz de Deus, para que recebam bênçãos nessa terra e, mais tarde, quando morarem, um lugar mais brilhante de luz no reino do Céu. Para tal, temos de nos livrar de tudo aquilo que pertence às trevas e cultivar a santidade e a perfeição para podemos nos parecer com Deus, que é Luz (Mateus 5:48; 1 Pedro 1:16).

Desde o momento em que ele encontrou o Senhor em seu caminho para Damasco, o apóstolo Paulo se fez obediente a Cristo e pregou o evangelho a inúmeros gentios. Ele disse: *"Eu protesto que cada dia morro gloriando-me em vós, irmãos, por Cristo Jesus, nosso Senhor"* (1 Coríntios 15:31).

Se nos livrarmos profundamente dos pensamentos carnais que são hostis a Deus e morrermos no Senhor diariamente, e tivermos só pensamentos espirituais como: "Como posso tomar o reino de Deus e Sua justiça?" Como posso santificar completamente o meu coração? Como posso levar mais almas ao Céu?, é aí então que poderemos desfrutar verdadeira paz e produzir os frutos da Luz abundantemente.

Os frutos da Luz não são só de bondade justiça e honestidade, mas são de todos os tipos de fruto que produzimos, ao termos comunhão com Deus e o coração de Jesus Cristo, o que inclui amor espiritual, os frutos das Bem-Aventuranças e os frutos do Espírito. Todos esses frutos devem ser produzidos por completo em nós, para que consigamos ir para a Nova Jerusalém. Se alguns forem produzidos por completo e outros não, não teremos as qualificações para entrar lá. Espero que você possa praticar diligentemente a Palavra de Deus e tenha as qualificações para entrar no espaço de luz mais brilhante.

Espírito, Alma e Corpo II

Parte 2

Espírito, Alma e Corpo no Espaço Espiritual

Os Critérios para a Categorização dos Lugares Celestiais

A Glória Dada no Espaço Espiritual

"Eis que eu digo um mistério: Nem todos dormiremos,
mas todos seremos transformados, num momento,
num abrir e fechar de olhos, ao som da última trombeta.
Pois a trombeta soará, os mortos ressuscitarão incorruptíveis
e nós seremos transformados.
Pois é necessário que aquilo que é corruptível se revista de incorruptibilidade,
e aquilo que é mortal se revista de imortalidade"
- 1 Coríntios 15:51-53

Capítulo 1

Diferentes Lugares para se Habitar

O lugar celestial que receberemos vai variar
De acordo com o tanto que nos parecermos com Deus
E vivermos segundo a Sua vontade.
O reino celestial tem diferentes lugares para se habitar.
Quanto melhor o lugar celestial,
Maior é a honra e felicidade que poderemos usufruir lá.

O Céu Tem Muitos Lugares para Se Habitar

O Céu é Tomado à Força

A Razão Pela Qual os Lugares Celestiais São Categorizados

Paraíso, o Lugar Celestial para Onde Irão Aqueles que São Meramente Salvos

Nova Jerusalém, o Lugar Celestial para Pessoas de Espírito Pleno

Os homens tem a tendência de acreditar em algo só quando podem ver e checar com seus próprios olhos. Entretanto, existem muitas coisas que os homens não podem examinar com seus olhos. Por exemplo, ventos e o cheiro das flores não podem ser visto, mas ainda assim verdadeiramente existem. Existe também o mundo espiritual que fica em um nível mais alto de dimensão do que este mundo físico, visível. Negar a existência do mundo espiritual só porque ele não é visível não está certo.

No vasto espaço espiritual, o reino do céu fica no terceiro céu. O terceiro céu é um espaço ilimitado de luz e tem diversos lugares celestiais desde o Paraíso até a Nova Jerusalém. O lugar celestial dado a cada salvo vai variar de acordo com o tanto que a pessoa alcançou a santificação e viveu segundo a vontade de Deus na fé. E de acordo com o tanto que nos tornamos o tipo de pessoa que Deus deseja nessa vida, receberemos uma glória diferente como alguém que pertence ao Céu.

É por isso que 1 Coríntios 15:40-41 diz, *"Há corpos celestes e há também corpos terrestres; mas o esplendor dos corpos celestes é um e o dos corpos terrestres é outro. Um é o esplendor do sol, outro o da lua, e outro o das estrelas; e as estrelas diferem em esplendor umas das outras.''*

As Glórias Individuais no Céu

Uma das naturezas originais de Deus é a santidade. A Bíblia fala frequentemente de santidade porque Deus quer que as pessoas que são criadas à Sua imagem, tenham a santidade de Deus. Levítico 20:26 diz, *"Vocês serão santos para mim, porque eu, o Senhor, sou santo e os separei dentre os povos para serem meus.''* 1 Pedro 1:16 diz, *"pois está escrito: 'Sejam santos, porque eu sou santo.'''*

Portanto, aqueles que vivem segundo à vontade do santo Deus são aqueles que pertencem ao céu. Eles desfrutarão glória celestial no reino do céu. Por outro lado, aqueles que vivem em pecados e maldade, que é contra a vontade de Deus, são aqueles que pertencem à terra, e, consequentemente, irão para o Inferno.

Aqueles que pertencem à terra não são só as pessoas que não aceitam Jesus Cristo e não creem em Deus. Em Mateus 7:21 diz, *"Nem todo aquele que me diz: 'Senhor, Senhor', entrará no Reino dos céus, mas apenas aquele que faz a vontade de meu Pai que está nos céus.''* Por mais que eles digam, 'Senhor, Senhor', e que creem Nele, eles ainda estarão dentre aqueles que pertencem a terra enquanto não praticarem a vontade de Deus.

O que precisamos fazer para entrar no reino celestial e usufruir da glória do sol como pessoas que pertencem ao céu? Em Hebreus 12:4 vemos que durante nossa vida nesta terra, temos de lutar contra todos os nossos pecados e nos livrarmos deles 'a ponto de derramar sangue'. Além disso, 1 Tessalonicenses 5:22 diz que temos de alcançar a santidade nos livrando de todas as formas de maldade e sendo cheios do Espírito. Assim como a luz do sol, a luz da lua, e a luz das estrelas são todas diferentes, a glória das pessoas que pertencem ao céu vai variar também.

Isaías 60:1 diz, *"Levante-se, refulja! Porque chegou a sua luz, e a glória do Senhor raia sobre você."* Depois que aceitamos Jesus Cristo que veio como a Luz do mundo, passamos a emanar luzes espirituais à medida que agimos segundo à Palavra de Deus. Como pessoas que pertencem ao céu, devemos emanar uma luz tão brilhante como o sol do meio-dia a fim de expulsarmos o poder das trevas, levar almas ao caminho da salvação, e glorificar a Deus.

O Céu Tem Diversos Lugares para Se Habitar

Jesus fez a ceia de Páscoa com Seus discípulos na sala de cima à direita de Marcos pouco antes de Sua morte. Na Última Ceia, Ele os lembrou da existência do reino do céu para que tivesse esperança por ele.

Jesus disse em João 14:2-3, *"Na casa de meu Pai há muitos aposentos; se não fosse assim, eu teria dito a vocês. Vou preparar lugar para vocês. E, quando eu for e preparar lugar, voltarei e os levarei para mim, para que vocês estejam onde eu estiver."*

Jesus ressuscitou no terceiro dia depois de Sua crucificação e ascendeu ao Céu diante dos olhos de muitas pessoas. Ele foi preparar os aposentos no Céu onde os filhos de Deus habitarão para sempre. Quando Ele disse, *"Na casa de meu Pai há muitos aposentos"*, Ele expressa o desejo de todos os homens serem salvos (1 Timóteo 2:4).

O Céu é um espaço espiritual que foi criado antes mesmo da Trindade criar a Terra. É ilimitado – sua profundidade, largura, densidade e volume não podem ser mensurados com a mente humana. Lá ficam o trono de Deus, inúmeros seres espirituais, e os lares onde os filhos de Deus viverão para sempre. No centro do reino do céu fica a Nova Jerusalém, que é o lugar para se habitar mais glorioso do Céu.

As luzes espirituais que fluem do trono de Deus e o rio da água da vida fazem dos filhos de Deus se sentirem mais felizes e honrados. Deus dá a cada um de nós um aposento apropriado e nos recompensa segundo o tipo de fé que tivemos e como glorificamos a Ele nesta terra.

A cidade de Nova Jerusalém fica localizada no ápice do terceiro céu, e 'debaixo' dela ficam o Terceiro, o Segundo e o Primeiro Reinos do Céu, e o Paraíso. Isso não quer dizer, todavia, que eles ficam em camadas como um prédio nesta terra com um andar literalmente acima do outro. Todos os lugares do Céu ficam na horizontal e, ainda assim, vertical com diferentes alturas.

O Céu é Tomado à Força

Mateus 11:12 diz, *"Desde os dias de João Batista até*

agora, o Reino dos céus é tomado à força, e os que usam de força se apoderam dele." O Céu é um lugar lindo e cheio de paz. Então, por que ele é tomado à força, e os que usam de força se apoderam dele?

Isso quer dizer que aqueles que tem muita esperança pelo reino celestial levarão uma vida diligente na fé e tentarão entrar na cidade de Nova Jerusalém. Essa vida diligente é referida pela expressão 'os que usam de força se apoderam dele'.

Agora, contra quem eles precisam usar de força? Usam de força contra o inimigo, o diabo e Satanás, que instiga os homens a pecarem. Para ir para o Céu, temos de lutar contra as trevas e vencê-las. Para fazer o homem cair, Satanás estimula as naturezas pecaminosas que há nele e faz com que ele cometa pecados. Aqui, aqueles que realmente anseiam pelo reino do céu irão vencer a esses ataques com a Palavra de Deus.

Podemos tomar a cidade de Nova Jerusalém pela força à medida que nos tornamos santos filhos de Deus por meio da Palavra de Deus e da oração (1 Timóteo 4:5). De 2 Coríntios 12:1 em diante, vemos que o apóstolo Paulo foi ao Paraíso, que fica no terceiro céu, e ficou sabendo de grandes segredos sobre o reino do céu. Dali em diante, ele lutou o bom combate até se tornar um mártir. Ele tomou a cidade de Nova Jerusalém pela força, olhando para a coroa da justiça que Deus preparara para ele.

Apocalipse 19:7-8 diz, *"Regozijemo-nos! Vamos alegrar-nos e dar-lhe glória! Pois chegou a hora do casamento do*

Cordeiro, e a sua noiva já se aprontou. Para vestir-se, foi-lhe dado linho fino, brilhante e puro.O linho fino são os atos justos dos santos"; e Apocalipse 22:14 também diz, *"Felizes os que lavam as suas vestes, e assim têm direito à árvore da vida e podem entrar na cidade pelas portas."*

Aqui, 'vestes' e 'linho fino' se referem ao coração e obras dos homens. Podemos passar pelas portas e entrar na cidade santa só quando purificarmos nossos corações e obras. Como 'portas' está no plural, podemos ver que existem muitas portas. Para entrarmos na Nova Jerusalém, primeiro temos de passar pela porta da salvação e adquirir as qualificações para entrarmos no Paraíso. Então, temos de passar pelas portas do Primeiro, Segundo e Terceiro Reinos do Céu. Por último temos de passar pelas Portas de Pérolas da Nova Jerusalém.

É por essa razão que vemos 'portas', e podemos aprender a partir dessa passagem que nem todos os que são salvos receberão a mesma glória no Céu. Devemos ser muito gratos pelo fato de sabermos sobre o reino celestial e podermos lutar para tomarmos lugares melhores à força.

A Razão Pela Qual os Lugares Celestiais São Categorizados

Aqueles que aceitaram Jesus Cristo, mas não circuncidaram seu coração e, portanto, não se livraram da maldade ainda, tem uma luz espiritual muito fraca. Mas aqueles que já se livraram de todas as formas de maldade se santificaram tem uma luz espiritual muito forte. Como falado anteriormente, cada crente tem um brilho diferente em sua luz espiritual. Quanto mais os crentes praticam a Palavra de Deus e se livram dos pecados, mais intensa e bela será a luz que emana deles. Aqueles que se santificaram completamente tem uma luz tão forte que aqueles que ainda não se santificaram não conseguem sequer olhar diretamente para eles.

Se simplesmente usarmos o senso comum do homem, poderemos entender facilmente que é difícil que aqueles com uma forte luz espiritual e aqueles com uma luz espiritual fraca se misturem e vivam juntos. Até mesmo nesta terra, é mais confortável crianças se unirem com crianças, adolescentes com adolescentes, e adultos com adultos. Crianças e adultos não podem se tornar amigos, pois os mundos em que vivem são diferentes, e sua inteligência e modos de pensar são significativamente distintos.

Semelhantemente, aqueles que tem luzes espirituais semelhantes habitarão no mesmo lugar. E se todos vivessem no mesmo espaço no reino eterno do céu? Aqueles que são santificados entenderiam o coração dos outros e não teriam nenhuma inconveniência. Mas aqueles que não são santificados não conseguiram fazê-lo. Por essa razão, Deus categorizou diversos lugares para se habitar – para que as pessoas com magnitude semelhantes de brilho espiritual pudessem viver com conforto juntas.

Apocalipse 21:23 diz, *"A cidade não precisa de sol nem*

*de lua para brilharem sobre ela, pois a glória de Deus a
ilumina, e o Cordeiro é a sua candeia."* Dentre os diversos
lugares celestiais, a cidade de Nova Jerusalém é o cume do
cultivo humano que Deus planejou. É o local onde Deus pode
compartilhar amor com Seus filhos para sempre. Deus preparou
o Terceiro, Segundo, e o Primeiro Reinos do Céu assim como o
Paraíso para aqueles que não cultivaram seu coração da verdade
completamente e não estavam qualificados para entrar em Nova
Jerusalém.

Agora, vamos examinar algumas características de cada lugar
desde o Paraíso até a Nova Jerusalém. Também olharemos que
tipo de pessoa entrará em cada um desses lugares.

Paraíso, o Lugar Celestial para Onde Irão Aqueles que São Meramente Salvos

Deus enviou Jesus a esta terra para nós, que estávamos
seguindo pelo caminho da morte devido aos pecados. Jesus nos
redimiu de todos os nossos pecados por meio da crucificação.
Se crermos que Ele é o único caminho para a salvação e O
aceitarmos como nosso Salvador pessoal, Deus nos dará o dom
do Espírito Santo. Ao recebermos o Espírito Santo, nosso espírito
que estava morto por causa do pecado de Adão é revificado, e
então recebemos o direito de chamarmos a Deus de 'Pai'. Quer
dizer que nos tornamos filhos de Deus, nossos nomes são escritos
no Livro da Vida, e recebemos cidadania no reino celestial.

Mas depois que o nosso espírito morto é revificado, esse espírito não pode crescer se não praticarmos a Palavra de Deus e nos livrarmos dos pecados. Nosso espírito cresce à medida que nos livramos dos pecados. Poderemos entrar na Nova Jerusalém somente quando recuperarmos completamente a imagem perdida de Deus fazendo o nosso espírito crescer por completo. Se ele não crescer e se nós meramente recebermos a salvação tendo uma fé tão pequena quanto um grão de mostarda, então iremos para o Paraíso. Em termos de níveis da fé, essa é a fé no primeiríssimo nível. O primeiro nível da fé é o nível com o qual recebemos a salvação com vergonha.

O Paraíso é um lugar que é feito com o amor e a compaixão de Deus. Deus preparou esse lugar para as pessoas que são salvas mas não são dignas de serem chamadas filhas de Deus. É de certa forma vergonhoso chamá-las de filhas de Deus, mas Deus não pode mandá-las para o Inferno ao mesmo tempo. Entretanto, na verdade, o Paraíso acomodará a maioria dos crentes, e ele é mais amplo do que o universo do primeiro céu. As pessoas do Paraíso serão gratas e viverão ali felizes para sempre só pelo fato de não terem ido para o Inferno e terem sido salvas.

Embora seja ela o lugar para se habitar de nível mais baixo do Céu, não há lugar na terra que tenha a beleza e a magnificência para começar a se comparar a ele. Na vasta planície com perfeita harmonia e linda flores e verdes árvores, vários animais passeiam e são amáveis.

Nesta terra, as árvores e flores vão murchar e perecer com o passar do tempo. Porém, as árvores do Paraíso estão sempre verdes e as flores nunca murcham. Quando as pessoas se aproximam delas, as flores se balançam para trás e para frente ou abrem e fecham seus botões enquanto exalam fragrâncias únicas e maravilhosas como se estivessem dando as boas vindas às pessoas. E existem tantos tipos de frutas! Elas são um pouco maiores dos que as desta terra e tem uma aurora de brilho. As pessoas podem apanhá-las do pé e comerem-nas, pois não há poeira ou insetos.

Elas podem se sentar no gramado e ter conversas amigáveis enquanto comem as frutas. Essas pessoas não fizeram nada pelo reino de Deus durante suas vidas terrenas, e assim, não recebem nenhuma recompensa no Céu. No entanto, elas são tão felizes pelo simples fato de não terem dor, doença, sofrimento ou morte! Em casos e ocasiões muito excepcionais, algumas delas são convidadas a eventos realizados na Nova Jerusalém.

Mas há uma grande diferença de luz entre aqueles que são da Nova Jerusalém e aqueles que são do Paraíso, e assim, as pessoas do Paraíso geralmente não aceitam o convite por constrangimento. Quando, entretanto, o aceitam, elas tem de seguir ordens específicas e um tempo. Elas ficam muito felizes só de visitar a gloriosa cidade de Nova Jerusalém, e é uma grande alegria compartilhar o que viram e vivenciaram lá ao retornarem ao Paraíso.

Só porque o Paraíso é o nível mais baixo do Céu, não devemos subestimar a beleza e a felicidade que há nele. Embora seja um lugar para aqueles que são salvos com vergonha, é um lugar que não pode ser comparado com nenhum lugar desta terra em beleza, e é ainda mais belo do que o Jardim do Éden onde Adão vivia.

O Primeiro Reino do Céu

O Primeiro Reino do Céu é um lugar mais belo e feliz do que o Paraíso. Tudo é ambientalmente mais bonito do que o Paraíso. É um lugar para aqueles que aceitaram Jesus Cristo, fizeram seus espíritos mortos revificarem, e tentaram pôr a Palavra de Deus em ação, mas não a praticaram completamente. Em outras palavras, é para aqueles que tem o segundo nível de fé no processo de crescimento da fé.

No Primeiro Reino do Céu, as pessoas recebem recompensas e uma moradia de acordo com o que fizeram nesta terra. As casas lá são como os apartamentos desta terra. Entretanto, são construídas com ouro e pedras preciosas segundo o gosto de cada proprietário. Há elevadores nos prédios, que são administrados pelo poder de Deus, e eles lhe levam ao andar que quiser sem que nenhum botão seja apertado.

Para aqueles que vão para o Primeiro Reino do Céu, uma coroa imperecível será dada (1 Coríntios 9:25). É como um prêmio de participação. Essas pessoas conheciam a Palavra de Deus, mas não a praticaram nesta terra. Elas sabiam que tinham de se livrar de seus pecados, mas não se livraram de muitos deles. Deus, porém, considera seu esforço para praticar a Sua Palavra como fé e lhes dá recompensas proporcionalmente.

Existem muitos lindo jardins no Primeiro Reino do Céu.

Há também muitos locais de recreação como grandes parques com muitas árvores, parques de diversão, lagos, trilhas para caminhada, piscinas, campos de golfe, quadras de tênis, etc. Mas com exceção dos locais individuais para se morar e as coroas que são dadas, todo o resto é para uso público. É como parques e instalações esportivas em complexos de apartamentos para uso público.

Não há anjos ministradores pessoais. No entanto, as pessoas podem receber a direção de anjos em todo lugar. É principalmente isso que diferencia o Primeiro Reino do Paraíso. Por exemplo, enquanto pessoas conversam num banco, elas podem pedir a um anjo para ir apanhar frutas que desejam comer. No Paraíso, todavia, elas tem de ir apanhar os frutos elas mesmas. Dessa forma, há uma grande diferença na forma de viver entre aqueles do Paraíso e aqueles do Primeiro Reino do Céu. Aqueles que estão no Primeiro Reino do Céu não sentem ciúmes daqueles que estão vivendo em níveis superiores. Todos sentem um intensa felicidade e satisfação em cada lugar para se habitar.

O Segundo Reino do Céu

O Segundo Reino do Céu é ainda mais brilhante e mais bonito do que o Primeiro Reino. As construções que são de pedras preciosas são mais esplendias e belas. O número de diferentes tipos de animais e plantas é maior que no Paraíso e no Primeiro Reino do Céu. Mesmo sendo o mesmo tipo de animal ou planta, eles são mais bonitos no Segundo Reino do Céu. No caso dos animais, a graça física é mais elegante, a beleza, mas esplêndida, e as cores das penas e pelos mais vívidas. E é o mesmo com o aroma e cores das flores.

O Segundo Reino do Céu é para aqueles que praticaram a Palavra de Deus em ação, mas não alcançaram completamente a santificação, isto é, para aqueles que estão no terceiro nível de fé. eles se livraram de todos os pecados cometidos em ação, mas não se livraram totalmente dos pecados cometidos em pensamentos e dos pecados do coração.

Estes receberão uma casa individual de um andar com uma placa com seu nome no portão. Essas casas são muito mais belas e espaçosas do que qualquer mansão desta terra. Além da casa, também será dada um coroa de glória. Essas pessoas deram glória a Deus nesta terra, e é por isso que Deus lhes dá a coroa de glória (1 Pedro 5:4).

Além da coroa e da casa, aqueles que vão para o Segundo Reino do Céu podem ter algo para si; aquilo que mais desejam. Se quiserem uma piscina, poderão ter uma maravilhosa feita de pedras preciosas. Se quiserem um lago, terão um. Se quiserem um salão de dança, terão um. Se quiserem um lugar para irem andar, poderão ter trilhas para caminhadas com diversas plantas e flores, e animais amáveis ao redor.

Uma vez que cada pessoa tem seus gostos pessoais, existem todos os tipos de instalações. Assim, todos podem visitar as casas uns dos outros para verem e usarem as instalações juntos. No Céu todo mundo serve todo mundo e assim ninguém recusa a visita de ninguém. Na verdade, as pessoas ficam mais felizes de poderem compartilhar o que tem. Os visitantes também não procuram suas próprias vantagens, o que faz com que as visitas sejam educadas e dentro dos limites.

Aqueles que estão no Segundo Reino do Céu não se sentem mal ou invejam o que outras pessoas tem só porque tem um tipo de instalação. Na verdade, eles se sentem gratos de que Deus os tenha dado uma recompensa muito maior do que aquilo que fizeram nesta terra. Uma coisa que fica em sua mente é que eles não se santificaram completamente durante suas vidas na terra, e eles se sentem tão envergonhados por isso que não podem levantar a cabeça diante de Deus.

O Terceiro Reino do Céu

A diferença de glória entre o Segundo Reino do Céu e o Terceiro é como a diferença entre os céus e a terra. Essa diferença nasce no fato de se o indivíduo alcançou ou não a santificação. Aqueles que estão no Terceiro Reino do Céu estão no quarto nível de fé. Eles alcançaram a santificação e assim podem ter todos os tipos de instalações que quiserem como recompensa. Podem ter campos de golfe, piscinas, e salões de dança, isto é, podem ter tudo aquilo que quiserem de forma que não precisarão usar alguma instalação na casa de alguém.

As casas tem múltiplos andares e são enormes e chiques. Nenhum bilionário desta terra conseguiria imitá-las. Seus jardins são vastos e cheios de flores cheirosas e árvores lindamente decoradas. Diversos tipos de peixes em suas cores nadam nos lagos que radiam luzes brilhantes e ofuscantes. Obviamente, essas casas são inferiores às da Nova Jerusalém em termos de tamanho, beleza e glória. Em termos de proporção, se dissermos que a terra da menor casa da Nova Jerusalém tem 100 unidades, a da maior casa do Terceiro Reino do Céu tem 60 unidades apenas. Isso nos diz que Deus Se deleita muito com aqueles que vão para a Nova Jerusalém.

As casas no Terceiro Reino do Céu exalam um delicioso aroma e lindas luzes de acordo com o tanto que cada proprietário se pareceu com Deus. Um fator comum entre as casas do Terceiro Reino do Céu e da Nova Jerusalém é que elas não tem placas com nomes. As próprias casas exalam uma fragrância única e uma luz como de aurora que representam cada proprietário, fazendo com que todos saibam de que é uma casa mesmo sem uma placa com nome. Isso também se dá porque dentre todos os crentes que vão para o reino celestial, existem comparativamente poucos que vão para o Terceiro Reino do Céu e para a Nova Jerusalém.

E não são só casas. Até as mesmas ruas de ouro são mais brilhantes e mais preciosas do que as do Segundo Reino do Céu. Como as pessoas podem ter todas as instalações que quiserem, no Terceiro Reino existem muitos anjos que lhas são dados também. Há muitos anjos ajudadores que gerenciam a casa e os visitantes. No Segundo Reino do Céu não existem anjos pessoais ministradores, mas no Terceiro Reino e na Nova Jerusalém os anjos são enviados a todos os seus residentes. Estes também possuem automóveis como que de nuvem para uso público, e podem viajar por todo o infindável reino como desejarem.

Uma coroa de vida é dada aos residentes do Terceiro Reino do Céu. É uma recompensa básica dada porque eles passaram nos testes de darem suas vidas pelo Senhor (Tiago 1:12). Aqueles do Terceiro Reino do Céu tiveram vidas muito mais gloriosas se comparadas às daqueles do Segundo Céu. Mas mesmo essas pessoas tem alguns arrependimentos ao olharem para a Nova Jerusalém. Portanto, é muito importante que agrademos a Deus sendo fieis em toda a casa de Deus e cultivando a santidade em nós.

Nova Jerusalém, o Lugar Celestial para Pessoas de Espírito Pleno

O apóstolo João disse em Apocalipse 21:11 a seguinte coisa sobre a glória da cidade de Nova Jerusalém: *"Ela resplandecia com a glória de Deus, e o seu brilho era como o de uma joia muito preciosa, como jaspe, clara como cristal."*

A cidade inteira é rodeada pela glória de Deus. As luzes que emanam da cidade de Nova Jerusalém são tão autênticas e lindas que não seremos capazes de conter nossas exclamações se as virmos. É um lugar tão lindo e magnífico que ultrapassa e muito a nossa imaginação. A cidade é dada àqueles que alcançaram a santidade por completo, foram fiéis em toda a casa de Deus, e seguiram a Sua vontade com entendimento do profundo coração de Deus. em outras palavras, é um lugar para as pessoas de espírito pleno que alcançaram o quinto nível de fé.

Essa cidade é rodeado por altos muros muito brilhantes, e faz fronteira com o Terceiro Reino do Céu. As medidas da cidade de Nova Jerusalém são as mesmas em largura, altura e comprimento, que são de 2,200 quilômetros (Apocalipse 21:16).

Se você vir a cidade de Nova Jerusalém horizontalmente, isto é, a largura e o comprimento, a área da cidade é 58 vezes a área da Coréia do Sul. Mas esse cálculo de área só é bidimensional. A Nova Jerusalém também tem 2,200 quilômetros de altura. Portanto, não podemos entender completamente o espaço na cidade de Nova Jerusalém só com o nosso conceito de área.

Cada um dos quatro lados do muro da cidade tem três portões de pérolas, o que totaliza doze deles. As pedras da fundação do muro da cidade também são doze tipos de pedras preciosas. Cada portão é guardado por um anjo, e as ruas são feitas de puro ouro claro como cristal. Existem também muitas outras pedras preciosas além das 12 pedras da fundação. Algumas delas são tão grandes que não conseguiríamos imaginar seu tamanho. Outras fazem brilhas duas ou três camadas de luzes diferentes.

O interior da Nova Jerusalém pode ser divido entre a área do Deus Pai, a área do Senhor, e a área do Espírito Santo. Na área do Pai ficam as casas dos patriarcas da fé que foram ativos nos tempos do Velho Testamento incluindo, mas não limitando a, Elias, Enoque, Moisés, e Abraão. À direita e para baixo do trono de Deus fica a área do Senhor, onde o principal castelo do Senhor com telhado de ouro fica. Ao seu redor ficam várias outras construções de diversas cores e formas. As mais perto do castelo ficam as casas dos Seus discípulos Pedro, João, e Tiago, e então as casas dos outros discípulos.

À esquerda e para baixo do trono de Deus fica a área do Espírito Santo, que em geral dá um sentimento de conforto e descanso como o oferecido por uma mãe. Nesta área ficam as casas daqueles que vieram a ser pessoas de espírito pleno durante a era do Espírito Santo. Algumas das casas já estão completas enquanto outras ainda estão sendo decoradas com lindas joias, estando quase prontas. Para algumas casas, sua terra está sendo aumentada, pois o proprietário delas ainda está salvando mais almas na terra.

As casas de Nova Jerusalém são tão grandes e esplêndidas quanto castelos gigantes. Elas ganharão terra à medida que seus donos terão alcançado a mansidão nesta terra, e quanto mais eles cultivarem a mansidão, maior será seu pedaço de terra na Nova Jerusalém. Cada casa tem todas as instalações que o dono quiser, e dá para dizer facilmente de quem é casa, pois ela é construída segundo a fé, recompensas, e gostos do proprietário. A luz da glória de Deus e as joias que decoram cada casa nos dizem o quanto o seu dono cultivou a santidade e agradou a Deus nesta terra. Eles recebem lindas recompensas na proporção em que tiveram de abrir mão daquilo que gostavam, e daquilo que queriam fazer ou ter por causa do Senhor.

A coroa de ouro e a coroa de justiça serão dadas basicamente a todos aqueles que entrarem na Nova Jerusalém. A coroa de ouro tem diversos tipos de decorações de pedras preciosas. Apocalipse 4:4 diz, *"ao redor do qual estavam outros vinte e quatro tronos, e assentados neles havia vinte e quatro anciãos.*

Eles estavam vestidos de branco e na cabeça tinham coroas de ouro."

O ouro da coroa de ouro é ouro puro sem nenhuma substância estranha. Ele representa a fé verdadeira que nunca muda. É a recompense dada pelo fato de eles terem alcançado a medida de fé que agrada a Deus.

A coroa da justiça é dada àqueles que cultivaram o coração puro e sem mancha e foram fiéis ao reino de Deus (2 Timóteo 4:7-8). Além das coroas de ouro e da justiça, outros tipos de coroas também serão dadas aos que forem para Nova Jerusalém. Para cada ocasião em que eles glorificaram intensamente a Deus nesta terra, uma coroa será recompensada.

Além destas, há muitas outras coisas que Deus preparou para nós na Nova Jerusalém. Sobre isso, Apocalipse 21:2 diz, "*Vi a Cidade Santa, a nova Jerusalém, que descia dos céus, da parte de Deus, preparada como uma noiva adornada para o seu marido.*" Assim como noivas se adornam lindamente no dia do casamento, Deus preparou a cidade de Nova Jerusalém como o lugar mais lindo, confortável, aconchegante e feliz dentre os lugares celestiais.

Várias cores emanadas pelas brilhantes pedras preciosas de cada casa se entrelaçam em perfeita harmonia. Algumas casas tem um grande lago, uma grande floresta, uma vasta planície, um jardim lindamente decorado, instalações recreativas, inúmeros pássaros e lindo animais. Só de ir para a Nova Jerusalém as pessoas se comoverão. Elas desfrutarão felicidade para sempre em glória e emoção que não podem ser descritas adequadamente.

Desde o início do cultivo humano, não foram muitos os que entraram na Nova Jerusalém. Deus quer que todos venham a ser Seus filhos verdadeiros e entrem na Nova Jerusalém, mas existem muitas pessoas sendo meramente salvas apenas. Estão sempre gratas pelo simples fato de não irem para o Inferno e estarem indo para o Paraíso.

A felicidade sentida no Paraíso não pode sequer começar a ser comparada com a sentida na Nova Jerusalém, e é também bem diferente daquela sentida no Primeiro Reino do Céu. Existem muitas diferenças nos ambientes e outras condições de cada lugar celestial de acordo com a justiça de Deus, e isso é, na verdade, a amável consideração de Deus por nós. Ele permitiu que aqueles com níveis de espírito semelhantes vivessem juntos para que sentissem o máximo de liberdade e felicidade em cada lugar celestial. Dessa maneira, as pessoas vivem em seus respectivos lugares, e para esse tipo de vida elas tem seu corpo espiritual que é mais adequado para o espaço espiritual.

Capítulo 2
Espírito, Alma e Corpo no Espaço Espiritual

O presente de Deus será dado em diferentes medidas
de acordo com o tanto que cultivamos espírito, alma,
e corpo pertencendo ao espírito enquanto vivendo neste espaço físico.
Ele nos dá a glória que podemos usufruir em nosso lugar celestial assim como
roupas, coroas, e outros ornamentos – tudo segundo o que tivermos feito.

1. Forma Espiritual

2. Alma e Corpo Pertencendo ao Espírito

3. O Presente de Deus

Em filmes ou novelas às vezes vemos que o espírito, que tem exatamente a mesma aparência do corpo da pessoa, sai do corpo. O espírito que sai vê o corpo deitado e, surpreso, se pergunta, "Por que uma pessoa igual a mim está deitada ali?" Será que isso é só ficção de filmes e novelas? A Bíblia fala sobre a existência do mundo espiritual e o nosso espírito.

Para vivermos no reino eterno do céu mais tarde, precisaremos ter um espírito, uma alma, e um corpo que pertençam ao espaço espiritual. Todos os homens nascem com um espírito morto por causa do pecado de Adão. Como resultado, vivem segundo suas cobiças. No entanto, ao aceitarem Jesus Cristo e receber o Espírito Santo, seu espírito morto pode ser revificado, e eles podem se tornar verdadeiros filhos de Deus que anseiam pelo mundo espiritual.

Deus criou os seres humanos e tem cultivado a humanidade assim como um agricultor planta as sementes no campo e as cultiva. Somente quando entendemos Sua providência podemos revificar nosso espírito morto e fazer nosso espírito, alma, e corpo pertencerem ao espírito. E só podemos desfrutar da vida no reino eterno do céu tendo um completo corpo celestial quando temos espírito, alma, e corpo adequados à vida no terceiro céu, que é o espaço da luz.

Como será nossa aparência nesse espaço da luz? Nesta terra, temos o espírito, alma, e corpo adequados para o espaço físico. Mas ao irmos para o espaço espiritual, precisaremos ter um espírito, alma, e corpo apropriados para tal espaço.

1. Forma Espiritual

Forma espiritual é a forma do espírito, e também pode ser considerada como um vaso que contém o espírito. Cada pessoa salva tem uma forma que pertence ao céu, e a glória de cada uma é diferente. A luz do corpo espiritual varia de acordo com a medida da santidade de cada um. Teremos o corpo ressurreto, e então o corpo celestial aperfeiçoado depois disso.

Forma é o formado da substância. Quando vemos uma água voando no céu, podemos dizer que é uma águia por causa de seu formato único. Leões tem a forma de leões e águias tem forma de águias e assim podemos distingui-los uns dos outros.

O corpo físico é a forma física que podemos perceber com nossos olhos. No caso dos homens, temos uma forma que pertence a essa terra, que é o nosso corpo físico, mas também podemos tem uma forma espiritual que pertence ao céu.

1 Coríntios 15:38-40 diz, *"Mas Deus lhe dá um corpo, como determinou, e a cada espécie de semente dá seu corpo apropriado. Nem toda carne é a mesma: os homens têm uma espécie de carne, os animais têm outra, as aves outra, e os peixes outra. Há corpos celestes e há também corpos terrestres; mas o esplendor dos corpos celestes é um e o dos corpos terrestres é outro."* Assim como temos uma forma visível que é o nosso corpo físico, um espírito também tem uma forma. Podemos dizer que a forma espiritual é o vaso para conter espírito em si. Quanto aos homens, quando nossas vidas nesta terra acabar, os conteúdos da alma não são extinto, mas contidos

83

no corpo espiritual as luzes do corpo espiritual variam de acordo com o tanto que cada um praticou a verdade nesta terra. O corpo espiritual de cada pessoa é diferente, o que significa que um corpo é distinguível de outro. Ao olharmos para a luz do corpo espiritual, podemos até dizer qual lugar celestial cada pessoa herdará se Deus a chamar neste exato momento.

A forma espiritual não é uma figura obscura. Seu formato é distintamente sólido. Embora pareça ter peso, não tem. Ainda assim, embora não se sinta nenhum peso, há peso. É como pegar um pedaço de lenço fino de papel. Não parece ter peso algum, mas na verdade há. Entretanto, isso não quer dizer que o espírito é tão fraco que é algo balançado pelo vento. Ele é tão leve que não pode ser pesado, mas é estável.

A Forma Espiritual de Adão

Adão é o primeiro homem que Deus criou. Deus delicadamente fez cada uma de suas entranhas, ossos, e todo o seu formato, e ele se tornou um ser vivente, isto é, um espírito vivente, quando Deus soprou em suas narinas o fôlego de vida. O coração de Adão começou a bater, seu sangue a circular, e seus órgãos e células a funcionares. Ele era um ser lindo que tinha uma carne e ossos que jamais envelheceriam ou pereceriam. Além do mais, quando Deus soprou nele o fôlego de vida, o espírito de Adão veio a ter exatamente a mesma forma que a do seu corpo físico. Assim como o corpo de Adão tinha uma forma, seu espírito também passou a ter uma forma com exatamente a mesma aparência que seu corpo físico. O espírito de Adão que podia se comunicar com Deus e sua alma que podia assistir o espírito estavam contidos no corpo de Adão.

Adão podia guardar a Palavra de Deus e se comunicar com Ele porque sua alma e corpo obedeciam ao seu espírito. Quando foi criado, seu espírito que ficava contido no corpo espiritual era como uma folha em branco. Assim, Deus o guiou para o Jardim do Éden e o ensinou o conhecimento do espírito. E Deus disse a Adão, *"...mas não coma da árvore do conhecimento do bem e do mal, porque no dia em que dela comer, certamente você morrerá"* (Gênesis 2:17).

Depois de passar um longo período de tempo no Jardim do Éden, Adão comeu o fruto proibido que Eva o deu, o qual ela já havia comido, tentado por Satanás. Como resultado, assim como falado por Deus, "certamente você morrerá", o espírito de Adão morreu. Assim sendo, sua comunicação com Deus foi cortada.

Obviamente, o espírito de Adão veio de Deus e, assim, jamais poderia ser completamente extinto. O fôlego de vida que Deus soprara em suas narinas tem o traço da impercebilidade, isto é, tem a característica de 'nunca perecer'.

Aqui, dizer que seu espírito morreu significa que a comunicação com Deus foi interrompida e sua atividade teve uma completa pausa. Como seu espírito não estava mais ativo, a alma tomou o lugar de mestre do homem e governou sobre o corpo. Desde a queda de Adão, o conhecimento do espírito que mantinha Adão como um espírito vivente começou a vazar. Então, os atributos carnais que pertencem à escuridão começaram a vir na forma espiritual. Dali em diante, o corpo de Adão estava sob o controle da ordem física. Ele se tornou um ser que precisava mudar, envelhecer, e enfim enfrentar a morte.

A Forma Espiritual de Uma Pessoa na Hora da Morte

Quanto aos homens, depois que seus corpos físicos morrem, seu espírito e alma ficam contidos na forma espiritual e eles existirão para sempre. A alma não se extingue mesmo depois da morte física, pois é combinada ao espírito e continua tendo operações da alma. Mesmo depois que o corpo está morto e as funções cerebrais param, o conhecimento contido no cérebro permanecerá na forma espiritual assim como os pensamentos e os sentimentos. Essa combinação de espírito e alma é conhecida como 'espírito-alma', mas na maioria dos casos, é simplesmente referida como 'espírito'.

De um lado, se a pessoa aceita Jesus Cristo, vive segundo a Palavra de Deus, e ganha o direito de ir para o espaço da luz, sua forma espiritual será brilhante. De outro lado, se o espírito da pessoa é morto porque ela não tem comunhão com Deus, que é Luz, mas vive em pecados e maldade sendo manchada pelo mundo, sua forma espiritual só terá trevas.

A aparência daqueles que são salvos e daqueles que não são serão completamente opostas no momento da morte. Os não salvos geralmente morrem com medo com seus olhos abertos, mas os salvos morrem em paz e com os olhos fechados. Eles ficam sabendo que o Céu e o Inferno existem no momento em que o espírito sai do corpo.

Alguns daqueles que não são salvos veem os mensageiros do inferno esperando por eles. Os mensageiros do inferno são cheios de trevas, dos pés à cabeça e vestem túnicas pretas. Seus rostos são pálidos, seus lábios pretos avermelhados, e eles tem uma energia bem escura abaixo dos olhos. Como uma pessoa se encheria de medo ao ver esses mensageiros de aparência grotesca do inferno se aproximando! Nesse momento, a pessoa vê que realmente o Céu e o Inferno existem e morre com medo. No entanto, agora é tarde demais para ela e se arrepender do seu passado não poderá ajudá-la. Ela não pode escapar de ser arrastada para o Inferno.

Porém, aqueles que guardam sua fé e tem uma vida boa como cristão não precisam ter medo de nada. Eles veem dois anjos em túnicas brancas esperando por eles antes de morrerem, e assim, seus rostos ficam rosados e em paz. No momento em que seu espírito se separa do corpo, eles sentem um alegria e uma felicidade transbordantes e indescritíveis.

Tinha uma crente que faleceu depois de viver na fé em nossa igreja por algum tempo. Ela tinha um coração muito bom e era muito gentil. Nunca teve nenhum problema ou conflito com ninguém. Ela tinha paz com todos e falava somente palavras de bondade, amor, e verdade com gentileza. Amava a Deus fervorosamente e a sua primeira prioridade sempre foi a obra de Deus. Não poupava sua vida quando era para o reino de Deus. Eu pude ver luzes tão brilhantes saindo de seu funeral! Quando vi a dignidade dos anjos que foram levar seu espírito, já pude imaginar o tipo de lugar celestial em que entraria!

A Forma Espiritual dos Salvos

Quando uma pessoa que é salva morre nesta terra, seu espírito sai de seu corpo. Agora, existem dois anjos para fazerem escolta de seu espírito e guiá-lo até a sala de espera do Céu. Antes da ressurreição do Senhor, a Sepultura Superior era a sala de espera do Céu. Mas depois de Sua ressurreição, ela mudou. As almas (espírito-almas) ficam em outra sala de espera nos arredores do Paraíso. As almas salvas durante os tempos do Velho Testamento também foram mudadas de lugar e levadas para essa sala também.

Nos tempos do Novo Testamento, para aqueles que são salvos, quando o espírito sai do corpo eles primeiro vão para Sepultura Superior. Ficam lá por três dias para se adaptarem ao mundo espiritual e recebem um treinamento e conhecimento necessário para o mundo espiritual. Depois, são levados para a sala de espera aos arredores do Paraíso. O processo do cultivo humano terá um fim na segunda vinda do Senhor nos ares. Depois disso, será o Reino do Milênio, e quando este também acabar, haverá o Julgamento do Grande Trono Branco. Com o Julgamento, Deus dará a cada pessoa um lugar celestial para habitar e recompensas de acordo com suas obras.

Agora, para aqueles que são salvos, que aparência terão suas formas espirituais? Se entendermos sobre forma espiritual, poderemos entender mais facilmente sobre a ressurreição e o Arrebatamento. Se uma pessoa morre em sua infância, sua forma espiritual também tem a aparência de uma criança. Se ela morre na juventude, sua forma espiritual também parece jovem. Se ela morre já velha, sua forma espiritual também parece velha. Mas formas espirituais não tem barbas, deficiências, cicatrizes, ou rugas. Mesmo que alguém morra de uma doença, sua forma espiritual será saudável e bela. As formas espirituais de pessoas idosas seriam semelhantes a aparência do corpo físico na hora da morte. Entretanto, não parecem frágeis, mas sim saudáveis e energéticas.

Todas elas usam túnicas brancas e as formas espirituais em si emanam luz. A intensidade das luzes vai variar de pessoa para pessoa. Quando mais santidade a pessoa tiver atingido, mas intensa e linda será a luz. E de acordo com a intensidade da luz, o lugar celestial e as glórias dados a cada pessoa também serão diferentes. Para mulheres, o comprimento de seu cabelo vi variar de acordo com a medida de santidade que cultivaram. 1 Coríntios 11:15 diz, *"e que o cabelo comprido é uma glória para a mulher? Pois o cabelo comprido foi lhe dado como manto."*

Para as mulheres que irão para o Paraíso, Primeiro Reino do Céu, ou Segundo Reino do Céu, seu cabelo irá até os ombros. Para aquelas do Terceiro Reino do Céu, ele irá até a metade das costas, e para aquelas da Nova Jerusalém, ele irá até a cintura. Para os homens, todavia, o comprimento de seu cabelo será o mesmo, que será até a nuca. O cabelo no Céu será ondulado e loiro para homens e mulheres.

A forma espiritual na sala de espera do Céu ainda não é completa e perfeita. As pessoas ali ainda esperam pela segunda vinda do Senhor nos ares, que é o seu tempo para a ressurreição. Só poderão ter um corpo ressurreto quando o Senhor aparecer nos ares novamente.

O Corpo Ressurreto

Quando o Senhor voltar nos ares, as almas da sala de espera do Céu serão combinadas aos seus respectivos corpos físicos que terão ressuscitado de seus túmulos. É por isso que a Bíblia diz que aqueles que morreram crendo não estão mortos, mas dormem. Seus corpos que estão mortos e enterrados serão ressuscitados e arrebatados nos ares, e se unirão ao seu respectivo espírito-alma. Chamamos esse corpo unido de 'corpo ressurreto'.

Se o corpo tiver se tornado puro pó já no túmulo há muito tempo, ou se tiver sido cremado, como poderá ser ressuscitado e combinar com o espírito? Embora invisível aos nossos olhos, os elementos que compreendiam o corpo ainda existem nesta terra. Na vinda do Senhor, todos esses elementos se reunirão e serão ressuscitados pelo poder de Deus. Esse corpo se encontrará com o espírito-alma e se tornará o completo corpo de espírito, alma, e corpo.

Depois, aqueles que recebem o Senhor vivo também se transformarão em um corpo espiritual e serão arrebatados. Isso é o que é chamado de 'Arrebatamento'. Pode ser comparado a um imã gigante puchando poeira de ferro pelos ares.

1 Tessalonicenses 4:16-17 diz, *"Pois, dada a ordem, com a voz do arcanjo e o ressoar da trombeta de Deus, o próprio Senhor descerá dos céus, e os mortos em Cristo ressuscitarão primeiro. Depois nós, os que estivermos vivos, seremos arrebatados com eles nas nuvens, para o encontro com o Senhor nos ares. E assim estaremos com o Senhor para sempre."*

1 Coríntios 15:51-53 diz, *"Eis que eu digo um mistério: Nem todos dormiremos, mas todos seremos transformados, num momento, num abrir e fechar de olhos, ao som da última trombeta. Pois a trombeta soará, os mortos ressuscitarão incorruptíveis e nós seremos transformados. Pois é necessário que aquilo que é corruptível se revista de incorruptibilidade, e aquilo que é mortal se revista de imortalidade."*

Essas almas salvas se encontrarão com o Senhor nas nuvens e farão o banquete de casamento de sete anos. Aqui, 'nuvens' se refere a um espaço especial fornecido em um dos lados do Éden no segundo céu. O Éden é um espaço vasto que inclui o Jardim do Éden. Os Sete Anos de Banquete de Casamento é um tempo para as almas salvas se confortarem. É para celebrar os esforços despendidos durante o período do cultivo humano nesta terra e é também um tempo de dar graças a Deus lembrando de suas vidas na terra.

Quando se transformarem em corpos ressurretos, elas conseguirão ver o grau de santificação que alcançaram no cultivo do coração do Senhor; e também poderão ter um vago entendimento dos tipos de recompensas e glória que receberão no Julgamento Final. Elas farão os Sete Anos de Banquete de Casamento nas nuvens, ou ares, em seu corpo ressurreto, e depois descerão para a terra passar mil anos.

Então, qual é a diferença entre o corpo ressurreto e a forma espiritual? O corpo ressurreto e a forma espiritual podem sentir o espaço espiritual de uma maneira muito diferente um do outro. A forma espiritual em si não pode ser um corpo completo no espaço espiritual. Podemos dizer que a pessoa só tem a forma básica para viver nele quando ela tem o corpo ressurreto. A forma espiritual tem a aparência da pessoa no tempo de sua morte, mas o corpo ressurreto será a pessoa aos seus trinta anos de idade para todos.

Jesus terminou Sua vida terrena aos trinta e três anos. Trinta e três anos de idade é o pico a vida do ser humanos, assim como o sol é mais intenso ao meio-dia. A pessoa já é matura o suficiente, mas não velha de mais, tendo total energia e vigor. Ela já adquiriu uma beleza amadurecida, ao passar pela casa dos vinte anos. Comparado a flores, é como o tempo de desabroche.

Por essa razão Deus deu a Seus filhos um corpo espiritual com a aparência de trinta anos de idade. A altura dos homens será de 1,90m e a das mulheres será de 1,70m aproximadamente. Ninguém será gordo ou magro demais; todos terão lindas aparências.

O corpo ressurreto é tangível. Ele pode ser fisicamente sentido com as mãos já que é o espírito e a alma combinados com o corpo físico ressurreto. O Senhor ressurreto apareceu aos Seus discípulos e disse, *"Vejam as minhas mãos e os meus pés. Sou eu mesmo! Toquem-me e vejam; um espírito não tem carne nem ossos, como vocês estão vendo que eu tenho"* (Lucas 24:39). Como Ele disse, o corpo ressurreto é de carne e osso. O corpo ressurreto também é um corpo imperecível que não se limita a questões físicas deste mundo. O Senhor ressurreto apareceu aos discípulos passando através de paredes como registrado em João 20:19, 26. Em João 20:22, vemos que Jesus 'soprou sobre eles'. O corpo ressurreto pode respirar e também comer e beber. A comida consumida é exalada junto com a respiração com um aroma agradável e então desaparece no ar!

Em Lucas 24:41-43 está escrito, *"E por não crerem ainda, tão cheios estavam de alegria e de espanto, ele lhes perguntou: 'Vocês têm aqui algo para comer?' Deram-lhe um pedaço de peixe assado, e ele o comeu na presença deles."* O Senhor comeu na frente dos Seus discípulos para fazer com que tivessem fé na ressurreição e também para fazê-los entender sobre o corpo ressurreto. Além disse, Ele também os fez ver que o corpo espiritual também pode comer.Maria Madalena e os discípulos não reconheceram Jesus ressurreto inicialmente. Isso foi por causa da luz que vinha do corpo ressurreto Dele. O corpo ressurreto não tem cicatrizes, mas por causa da vida de Tomé, Jesus o mostrou Suas mãos. Jesus fez com que Tomé vise as cicatrizes só por aquele momento, para que este tivesse fé.

O Corpo Celestial Aperfeiçoado

É explicado que aqueles que tiverem o corpo ressurreto serão arrebatados nas nuvens para os Sete Anos de Banquete de Casamento. Depois disso, no mesmo corpo, eles descerão para a terra durante o Reino do Milênio. Quando ele acabar, eles herdarão seu respectivo lugar celestial através do Julgamento do Grande Trono Branco. Quando ele acontecer, serão transformados em *corpos celestiais aperfeiçoados,* o que pode ser considerado como um corpo espiritual num nível mais alto do que o corpo ressurreto. Agora, por que Deus fez um estágio provisório, intermediário? Por que recebemos o corpo ressurreto primeiro, e não o corpo celestial aperfeiçoado de uma vez, desde o início?

É principalmente porque o reino do céu que fica no terceiro céu e o lugar dos Sete Anos de Banquete de Casamento no segundo céu terão muitas diferenças, como, por exemplo, a densidade de espírito e o fluxo de tempo. Por essa razão, Deus nos dá o corpo que é mais adequado a cada espaço. O fator comum para a forma espiritual, o corpo ressurreto, e o corpo celestial aperfeiçoado é que todos eles tem um brilho diferente com luzes como de aurora que emanam de acordo com o tanto que cada pessoa atingiu a santidade. Além de terem diferentes luzes segundo a medida de santidade de cada um, os corpos celestiais aperfeiçoados também mostram a recompensa e glória que a pessoa recebe de Deus. Essa é a maior diferença entre o corpo ressurreto e o corpo celestial aperfeiçoado.

Quando o cultivo humano acabar, o nível de santificação de cada um será finalizado, e uma quantidade de recompensas existirá de acordo com ele. Portanto, pode-se distinguir as diferenças em glória e recompensas olhando a luz espiritual de cada pessoa. Mas, obviamente, todas as coisas serão claramente reveladas só depois do Julgamento do Grande Trono Branco. Só se terá um corpo celestial aperfeiçoado depois que Deus reconhecer e proclamar oficialmente a glória e recompensas dadas a cada pessoa.

Luz de Glória

O brilho da luz como de aurora da forma espiritual varia de acordo com o nível de santidade que cada pessoa atinge nesta terra. Por essa razão, esse brilho é chamado de 'luz de glória'. Quando mais santidade e semelhança com o Senhor a pessoa tiver alcançado, mais clara e brilhante será sua luz. Também poderemos dizer o classificação na ordem espiritual só de observar o brilho da luz. Em especial, aqueles que estão no Segundo Reino do Céu e aqueles do Terceiro terão aparências muito diferentes, pois a luz de glória, roupas, o ornamento de suas vestes, e seus cabelos serão também muito diferentes.

Apocalipse 19:8 diz, *"Para vestir-se, foi-lhe dado linho fino, brilhante e puro. O linho fino são os atos justos dos santos."* Como dito, tanto homens como mulheres usam linho fino branco e brilhante no Céu.

As roupas são macias como seda e ficam esvoaçando de tão

leves que são. Não há poeira e as pessoas não suam, portanto as roupas nunca sujam mesmo que sejam usadas por muito tempo. Existem vários tipos de ornamentos e diferentes estampados, o que as faz muito belas e esplendias, além de qualquer comparação com qualquer vestido desta terra. Além do mais, cores do arco-íris e outras cores variadas de luz emanam das roupas.

Há roupas de uso diário, vestidos de festa, roupas para cultos de adoração, de esporte, e até roupas para se jogar diversos jogos. As pessoas podem se vestir adequadamente de acordo com a ocasião. No Céu, elas recebem recompensas segundo suas obras na terra. Assim, cada um recebe diferentes tipos e números de roupas. Algumas pessoas tem apenas algumas, enquanto outras tem inúmeras delas, de diversos tipos. Obviamente, para se reconhecer a glória não é só através de roupas. Também podemos reconhecer a glória e recompensas de cada um por meio das coroas que usam ou de seus ornamentos.

O número, os tipos, a luz, e o esplendor das coroas vão variar de acordo com o tanto que cultivamos a santidade e trabalhamos fielmente para o reino de Deus com fé. A densidade, o jeito, e a clareza do brilho das cores vão variar de um lugar celestial para outro. Entretanto, até as roupas no menor nível de lugar celestial no Céu serão muito mais bonitas e de clores mais nítidas do que as desta terra. O corpo celestial aperfeiçoado em si já é tão lindo que não haveria necessidade alguma de decoração ou ornamentação, mas Deus dá as roupas, coroas e outros acessórios de acordo com as obras de cada um.

2. Alma e Corpo Pertencendo ao Espírito

Os filhos salvos de Deus viverão no Céu num corpo celestial aperfeiçoado depois do Julgamento do Grande Trono Branco. O corpo celestial aperfeiçoado tem a alma que obedece ao espírito e um corpo espiritual que não produz nenhum tipo de dejeto corporal.

Por que é importante entender sobre o espírito, a alma e o corpo? Porque temos de recuperar o espírito, alma e corpo que mudaram por causa do pecado de Adão. É por essa mesma razão que Deus cultiva os seres humanos nesta terra. Quando aceitamos Jesus Cristo e recebemos o Espírito Santo, nosso espírito morto é revificado, e então precisamos recuperar o nosso espírito. À medida que recuperamos o nosso espírito, temos alma e corpo que pertencem ao espírito. Podemos então ser pessoas que pertencem ao espírito.

Quando a pessoa tem alma e corpo que pertencem ao espírito, isso é o estado onde a 'alma vai bem', registrado em 3 João 1:2, que diz, *"Amado, oro para que você tenha boa saúde e tudo corra bem, assim como vai bem a sua alma."*

Quando a alma da pessoa vai bem, ela pode cortar os pensamentos que pertencem à carne. Se ela quiser parar de pensar em alguma coisa, ela consegue fazê-lo imediatamente. A pessoa pode parar de cheirar e ouvir certas coisas. A sensação de dor pode ser sentida ou não, como ela desejar. Como os pensamentos e sentimentos podem ser controlados pela vontade dela, há sempre uma plenitude de alegria e gratidão (Romanos 8:6). Tal pessoa é saudável e todas as coisas vão bem com ela. Doenças não pode afetá-la porque ela consegue controlar o seu corpo. Mesmo que ela fique enferma por causa de algum erro, ela pode superar a enfermidade imediatamente com fé.

Alma Pertencendo ao Espírito

Adão, o primeiro homem que Deus criou, era um espírito vivente e tinha um espírito, uma alma, e um corpo que pertenciam ao espírito. Seu espírito era seu mestre. Ele controlava sua alma e corpo em verdade. Mas a partir do momento que ele pecou e seu espírito morreu, seu espírito, alma e corpo passaram a pertencer à carne. Quando o homem era um espírito vivente, ele recebia apenas a verdade de Deus e, portanto, só tinha operações da alma que pertenciam ao espírito apenas. Mas Satanás passou a controlar a alma do homem quando o espírito dele morreu. Com o espírito morto, o homem não mais podia ter operações da alma pertencendo ao espírito.

Entretanto, depois que a pessoa aceita Jesus Cristo, ela pode reobter operações da alma que pertencem ao espírito à medida que ela dá à luz ao espírito através do Espírito Santo e obedece à Palavra de Deus. Seu conhecimento e teorias falhos e seus pensamentos que não são agradáveis aos olhos de Deus são transformados em verdade. Está escrito em 2 Coríntios 10:5, *"Destruímos argumentos e toda pretensão que se levanta contra o conhecimento de Deus e levamos cativo todo*

pensamento, para torná-lo obediente a Cristo.''
O homem naturalmente recebe as obras de Satanás à medida que sua alma pertence à carne. Se ele tanta ter operações da alma que pertencem ao espírito, não consegue quando bem entende, num piscar de olhos. Assim sendo, ele precisa continuar tentando transformar suas operações da alma em operações que pertencem à verdade examinando seus pensamentos, palavras, e ações a todo o tempo. Ao tentar continuamente com orações fervorosas, ele consegue obter operações da alma que pertencem ao espírito por meio da graça e do poder de Deus, e da ajuda do Espírito Santo.

A alma que pertence ao espírito obedece ao espírito, pois o espírito, que é o mestre original do homem, desempenha seu papel de mestre. Desta forma, essa pessoa só terá pensamentos de bondade, amor, e verdade, pois só tem operações da alma que pertencem ao espírito. Por exemplo, mesmo que outros ajam com falta de educação ou façam algo mal a ela, a pessoa que tem a alma sujeita ao espírito não se sentirá magoada. Ela desejará paz e entenderá os outros sem confrontá-los de forma alguma. Em vez de ter os sentimentos agravados, ela tem sentimentos de compaixão pelos outros pela maldade deles.

Obviamente, mesmo a pessoa cuja a alma vai bem pode ter inverdades que foram colocadas em sua memória. No entanto, mesmo que a memória esteja lá, Satanás não pode trabalhar nela, pois as inverdades foram expelidas do coração. Naturalmente, a pessoa só tem operações da alma que pertencem ao espírito. Ela segue a direção do Espírito Santo, e assim não vê as coisas que não devem ver. Não julgam nem condenam ninguém, e vivem de acordo com a verdade.

Se ela continuar tendo operações da alma que pertencem ao espírito, a operação da alma que pertence à carne em si poderá desaparecer completamente. Ela passará a abominar ver, ouvir ou falar de qualquer coisas que seja de inverdade. Isso significa que o vaso de seus corações está completamente cheio de verdade apenas. Como as inverdades foram expelidas completamente de seus corações, elas também desaparecem de seus pensamentos. Dessa maneira, se enchermos nossos corações só de verdade completamente, poderemos ter uma alma que pertence à verdade.

A Alma Conhece Tudo Mas Só Tem Pensamentos de Verdade

Quando formos para o Céu, não será só o nosso espírito que irá. A nossa alma também será acomodada na forma espiritual. Essa alma é a alma que pertence ao espírito, isto é, a verdade. Só a porção da nossa alma da qual a inverdade foi expelida e que foi cultivada como verdade é que será combinada com o espírito. Será que isso significa que não conheceremos nada de inverdade quando estivermos no Céu. Não. Conheceremos sobre a inverdade muito mais detalhadamente do que conhecemos agora.

1 Coríntios 13:12 diz, *"Agora, pois, vemos apenas um reflexo obscuro, como em espelho; mas, então, veremos face a face. Agora conheço em parte; então, conhecerei plenamente,*

da mesma forma com que sou plenamente conhecido."
Espelhos utilizados há 2,000 anos atrás eram pratos polidos
de prata, bronze, ou aço, e eram turvos se comparados aos de
hoje. As pessoas podiam ver as figuras gerais das coisas, mas elas
não eram claras nos espelhos. Hoje, todavia, os espelhos são
muito nítidos. É o mesmo no Céu. Conheceremos tudo clara e
extamente, mesmo as coisas que não conhecíamos nesta terra.

Desde que a nossa alma pertença ao espírito, por mais que
pensemos em algumas coisas que nos trouxeram vergonha ou
humilhação nesta terra, não teremos nenhum pensamento
de inverdade ou maus sentimentos em relação a elas. Teremos
apenas pensamentos do espírito e de verdade em mansidão, paz, e
misericórdia.

Entendendo o Coração Um do Outro em Espírito

O coração de outras pessoas pode ser sentido e discernido
corretamente no Céu, e nós conseguiremos entender e sentir os
sentimentos dos outros. Eles não terão nenhuma maldade em
seus corações e, assim, não haverá mal-entendidos, preconceitos,
ou julgamentos. Especialmente na Nova Jerusalém, as pessoas
entenderão completamente o coração umas das outras em
espírito. Cada palavra que disserem conterá consideração, amor,
e serviço, tocando assim o coração dos outros. Elas entenderão o
coração de Deus Pai e do Senhor assim com o das outras pessoas,
e desta maneira compreenderão a mente e sentimentos de Deus
enquanto elas estavam passando pelo cultivo humano na Terra e

os sentimentos do Senhor quando Ele tomava a cruz.

Uma vez, por inspiração, Deus me fez sentir o coração de Moisés. Eu encontrei Moisés em pé com luzes brilhantes, e ele estava cheio de um aroma de bondade. Quando ele segurou minhas mãos, o amor de Deus foi entregue a mim. Quando abriu sua boca para falar, tinha a mesma coragem e dignidade ao entregar a Palavra de Deus aos filhos de Israel no deserto.

Moisés me falou sobre sua infância no palácio no Egito. Contou-me sobre como ele aprendeu sobre o Poderoso Deus e que era um hebreu por meio de sua babá que era na verdade sua mãe. Falou-me de quando os filhos de Israel adoraram a ídolos no deserto e os sentimentos e emoções que teve como líder do Êxodo. Lágrimas saíram de seus olhos ao se lembrar daqueles momentos.

Quando alguém derrama lágrimas ao se lembrar de coisas que aconteceram nesta terra, essas lágrimas logo se transformam em luzes brilhantes. Aqueles que estão ouvindo o que está sendo dito também sentem a bondade e o amor pelas almas, o que move seus corações.

Mais uma vez, eles ficam gratos pelo amor de Deus que os deu a felicidade no Céu e O glorificam de coração. Amam a Deus de todo o coração, mente, e alma, e seu amor e graças nunca muda. Entendem profundamente a providência de Deus, onde Deus quer obter filhos verdadeiros para compartilhar Seu amor com Ele ainda que isso signifique que Ele tenha de passar por coisas dolorosas no processo do cultivo humano. É por isso que essas pessoas serão eternamente gratas do fundo do coração.

O Corpo que Pertence ao Espírito

Como espírito vivente, Adão não era perfeito. Espírito que não sabe sobre a carne não é perfeito. Da mesma forma, a carne que não conhece o espírito não tem valor. Todos os que não aceitam como seu Salvador pessoal são pessoas da carne. Como tais, elas não podem conhecer o reino de Deus e o mundo espiritual. No fim, acabarão em agonia no fogo eterno do Inferno. Então, qual será o seu valor? Somente aqueles que conhecem tanto o mundo espiritual quanto o mundo carnal, e se livram da carne se tornando pessoas espirituais tem valor como pessoas.

À medida que cultivamos a santidade em nossos corações, nossa carne também se transformará e pertencerá ao espírito. Aqueles que antes eram fracos e doentes ficam sadios na mesma proporção que são transformados em pessoas espirituais por mais que ainda não estejam completamente santificados.

Ao nos tornarmos espirituais, nosso espírito abraça a alma e o corpo e assim eles se movem juntos como um inteiro. Embora estejamos vivendo neste espaço físico, controlamos nossa alma e corpo por meio do espírito, e assim, é como se estivéssemos vivendo no espaço espiritual. À medida que recuperamos a imagem de Deus que fora perdida devido ao pecado de Adão, podemos nos comunicar claramente com Ele, ser abençoados e todas as coisas vão bem para conosco.

Além disso, ao nos tornarmos pessoas espirituais, nosso envelhecimento desacelera. Ao nos tornarmos plenamente espirituais, podemos inclusive rejuvenescer. No caso de Moisés, seus olhos não enfraqueceram e sua força não diminuiu mesmo com 120 anos de idade. Abraão gerou Isaque embora fosse velho demais para gerar a um filho. Além disso, quarenta anos depois de Isaque nascer, ele ainda teve seis outros filhos (Gênesis 25). No caso de Elias e Enoque, eles se livraram de todas as formas de carne e adentraram níveis tão profundos do espírito que tiveram características de Deus. Por essa razão, não mais estavam sob a lei do mundo espiritual que diz que o salário do pecado é a morte, sendo capazes de evitar a morte.

O Corpo que Não Precisa de Comida

Quando os filhos de Deus entrarem no reino celestial, alguma hora terão o corpo celestial aperfeiçoado. Seus corpos não perecem ou decompõem, e eles desfrutarão a vida eterna. Mateus 26:29 diz, *"Eu digo que, de agora em diante, não beberei deste fruto da videira até aquele dia em que beberei o vinho novo com vocês no Reino de meu Pai."*

O Senhor ressurreto não comera nada enquanto não comer com os crentes salvos depois do cultivo humano. Assim como o Senhor ressurreto, não precisamos comer para continuar nossas vidas depois que tivermos um corpo espiritual.

Mas o aroma e os elementos contidos nos alimentos no Céu tem bons efeitos na forma espiritual, e assim, as pessoas podem comer ou respirar no aroma. Elas podem respirar no aroma de flores ou frutas, e podemos fazê-lo na apenas com o nariz, mas também através do corpo inteiro e do coração. quando as pessoas ofereciam sacrifícios de animais nos tempos do Velho Testamento, Deus sentia o aroma do coração que vinha daqueles que ofereciam as ofertas. Até hoje, quando oferecemos cultos de adoração, louvores e ofertas, Deus aceita o aroma dos nossos corações.

Ao respirar no aroma, ainda mais alegria e felicidade do Céu é sentida. Mesmo nesta terra, nos sentimos mais felizes quando comemos diversos tipos de comida. Semelhantemente, corpos espirituais se deleitam em respirarem em aromas. No Céu, ninguém se cansa de nada, e as pessoas podem sentir a mesma felicidade e satisfação embora respire no mesmo aroma o tempo todo. Quando respiram nos cheiros de frutas e flores, estes se absorvem no corpo por um tempo e depois são exalados no ar. O coração das pessoas se encherá de mais felicidade ainda neste processo.

Não Há Dejetos Corporais

O corpo celestial aperfeiçoado é um corpo. Ele pode cheirar e comer. Pode comer diversas frutas e beber diversos tipos de bebidas feitas com a água da vida. Além dos doze frutos da árvore da vida, existe muitos outros no Céu, e podemos comê-los na quantidade que desejarmos. E são tantas as bebidas!

No Céu, será que vamos comer também as mesmas comidas que gostávamos aqui na terra? Será que vai ter carne, pão, e bolos no Céu? Sentiremos falta das comidas da terra? Quando formos para o Céu, não vamos querer comer nada que acostumávamos comer na terra. Ao ter um corpo que é mais apropriado para o espaço do terceiro céu, poderemos viver até mesmo sem comer nada.

Obviamente, você pode se lembrar de uma comida em particular que gostava muito de comer na terra e querer comer algo parecido no Céu. Nesse caso, você pode fazer algo semelhante à comida. Mas como as frutas e bebidas do Céu são muito mais gostosas, você não desejaria nenhuma comida física do passado.

Quando comemos algo no Céu, o alimento é dissolvido e emitido durante a respiração, assim não há nenhuma forma de dejeto como nesta terra. A comida consumida será expelida naturalmente com a respiração, sendo um fragrância por um tempo, e desaparecendo no ar. Como isso seria conveniente e maravilhoso nesta terra – não precisarmos digerir ou excretar os alimentos! Obviamente, não haverá banheiro com odores objetáveis. No Céu, teremos um corpo celestial aperfeiçoado.

E isso será para todos os lugares celestiais do céu. Mas se tivermos mais da alma qe pertence à carne e menos da alma que pertence ao espírito, o brilho da forma espiritual será fraco. O tanto que cultivarmos nossa alma que pertence ao espírito será usado para decidir se vamos ir para o Paraíso, Primeiro Reino do Céu, ou Segundo Reino do Céu. Poderemos entrar no Terceiro Reino do Céu ou na Nova Jerusalém somente quando fizermos nossa alma pertencer completamente ao espírito sem ter nenhuma parte dela pertencendo à carne.

Deus nos faz colher o que plantamos e nos retribui quando agimos em Seu amor e justiça. O lugar celestial para se habitar e a classificação que teremos lá serão decididos de acordo com o brilho da nossa luz espiritual e, portanto, devemos lutar com orações fervorosas para nos tornarmos pessoas com um espírito, alma e corpo que pertencem ao espírito.

3. O Presente de Deus

Deus preparou um presente para os filhos salvos, e ele é a vida eterna no reino celestial. Receberemos um lugar celestial de acordo com como teremos passados pelo cultivo humano nesta terra e nos tornamos pessoas que buscam o coração de Deus. O grande projeto de Deus de colher crentes que são 'trigo' ainda está em andamento hoje. Ele está procurando por aqueles que creem no poder e na natureza divina de Deus que são vistos em todas as coisas na natureza, e que vivem segundo a Palavra de Deus. Eles são almas que são claras e lindas como o cristal. A Bíblia nos fala sobre o fim dos dias. Aqueles que estão espiritualmente despertos sentem que o fim do cultivo humano está muito próximo.

Desde a queda de Adão, a humanidade se multiplicou e desenvolveu civilizações. Experimentaram a vida, o envelhecimento, a doença, e a morte. Quando o cultivo humano acabar, Deus convidará todos os crentes a entrarem nas 'nuvens' que ficam no segundo céu. Ele oferecerá um banquete de casamento de 'boas vindas' e nos deixará compartilhar o nosso amor com o Senhor durante sete anos.

Apocalipse 19:7-9 descreve isso:

Regozijemo-nos! Vamos alegrar-nos e dar-lhe glória! Pois chegou a hora do casamento do Cordeiro, e a sua noiva já se aprontou. Para vestir-se, foi-lhe dado linho fino, brilhante e puro. O linho fino são os

atos justos dos santos. E o anjo me disse: "Escreva:
Felizes os convidados para o banquete do casamento
do Cordeiro!" E acrescentou: "Estas são as palavras
verdadeiras de Deus."

O amor de Deus não acaba aí. Depois do banquete de
casamento, assim como um casal recém-casado vai para a luz de
mel depois da festa, Deus nos enviará para a terra com o Senhor
e reinaremos com Ele por mil anos. Ele renovará o Primeiro Céu,
que fora o palco do cultivo humano, e deixará que os crentes
compartilhem seu amor com o Senhor ao máximo.

Apocalipse 20:6 diz, *"Felizes e santos os que participam da*
primeira ressurreição! A segunda morte não tem poder sobre
eles; serão sacerdotes de Deus e de Cristo e reinarão com ele
durante mil anos."

Deus revelará os presentes e recompensas que Ele preparou
para Seus amados filhos depois do Reino do Milênio. No
Julgamento do Grande Trono Branco, Ele dará as recompensas
pelo que fizeram enquanto viviam nesta terra e lhes dará um lugar
para habitarem no Céu de acordo com a medida de fé de cada
um. Suas moradias serão permanentes no terceiro céu, que é um
lugar livre de lágrimas, sofrimento, dores, doenças, e morte, de
modo que a vida lá é cheia de bondade, amor, alegria, e felicidade
no corpo celestial aperfeiçoado.

Jesus promete em João 14:2-3, *"Na casa de meu Pai há*
muitos aposentos; se não fosse assim, eu teria dito a vocês.
Vou preparar lugar para vocês. E, quando eu for e preparar

lugar, voltarei e os levarei para mim, para que vocês estejam onde eu estiver."

Como será o reino eterno do céu? E que tipo de vida nós vamos ter lá?

Novo Céu e Nova Terra

O céu no Céu é limpo e azul claro. A razão de Deus ter feito a cor do céu azul é para sentirmos profundidade, altura, e clareza. Ele quer que Seus amados filhos vivam contentemente para sempre tendo corações claros e lindos como cristal.

Existem também nuvens no céu do reino celestial. Elas são uma forma de decoração para aumentar a beleza, adicionando felicidade ao corações dos cidadãos celestiais. Quando aqueles que estiverem na Nova Jerusalém pensarem e louvarem o amor de Deus olhando para o céu, os anjos lerão as mentes de seus mestres e às vezes farão nuvens em forma de coração ou escreverão coisas usando as nuvens.

No Céu, tem a luz da glória de Deus, que não pode se comparar sequer à luz do sol. Ela brilha em todo canto de forma intensa começando em Nova Jerusalém indo até o Paraíso (Apocalipse 22:5).

A luz da glória de Deus é tão clara e brilhante que se ela brilhasse sobre aqueles que estão no Paraíso, eles não conseguiriam sequer levantar suas cabeças por causa do brilho.

Por essa razão, Deus diminui gradativamente o brilho da luz em outros lugares celestiais depois da Nova Jerusalém. À medida que você se afasta da Nova Jerusalém indo para o Terceiro Reino do Céu, Segundo Reino do Céu, Primeiro Reino do Céu, e para o Paraíso, a intensidade do brilho diminui.

Pelo poder de Deus existem quatro estações – primavera, verão, outono, e inverno – no Céu. Elas na verdade não são necessárias, mas são preparadas para os filhos de Deus para que possam desfrutar a unicidade de cada uma delas. Podem ver as folhas do outono e até mesmo a neve do inverno.

Deus fez as coisas da maneira mais linda e perfeita para podermos sentir a beleza que tínhamos nas diferentes estações nesta terra. Mas isso não significa que no Céu haverá 'frio' ou 'calor' associados ao clima das estações. Há distinções e diferentes estações, mas elas não serão marcadas por calor ou frio. A temperatura será sempre a mais adequada para se viver o tempo todo.

O solo no Céu não é feito de pó, mas de puro ouro, prata, e diferentes pedras preciosas. O aço tem uma densidade moderada na terra, mas quando é pulverizado, é levado pelo vento. O ouro, a prata, e outras pedras preciosas ficam em formas esféricas, e assim não há poeira no Céu.

A Rua de Ouro e a Rua de Pedras Preciosas

Em todo lugar do Céu, existe uma rua de ouro. Obviamente, o brilho que vem delas varia de lugar para lugar. Quando mais próximo da Nova Jerusalém, mais intenso seu brilho. Diferente do ouro puro desta terra, o ouro no Céu é duro, mas quando você caminha nele há a sensação maciez. Nesta terra, um pedaço grande ouro na mão de um homem é muito raro. Mas, quando você vir a interminável rua de ouro que brilha como vidro, poderá ver como tudo é magnífico! Ouro puro significa a qualidade imutável da fé espiritual. O brilho que reluz da rua de ouro em cada lugar é diferente porque o lugar celestial determinado a cada um será definido segundo a medida de sua fé.

Deus não atribui muito significado ao ouro do Paraíso. Entretanto, enquanto você vai o Primeiro Reino do Céu para o Segundo, e para o Terceiro, os residentes estarão mais perto da medida perfeita de fé, assim o puro ouro em cada um dos lugares mais altos terá um sentido mais profundo a ser revelado pelo seu brilho.

Além da rua de ouro, há outros tipos de ruas como a rua de flores e a rua de pedras preciosas. Há também ruas onde você pode ser transportado pelo poder de Deus só de estar nelas. A forma espiritual é muito leve, como se não tivesse peso nenhum. Assim, se você anda nas flores, elas não são danificadas. Elas se regozijam e exalam ainda mais fragrância quando os filhos de Deus se aproximam delas.

As ruas de pedras preciosas tem diversos tipos de pedras que emanam lindas luzes, que ficam ainda mais intensas se você pisa sobre elas. Todavia, as ruas de pedras preciosas não podem ser vistas em qualquer lugar no reino celestial. São construídas somente ao redor das casas daqueles que se pareceram completamente com o Senhor e fizeram grandes contribuições no cumprimento da providência de Deus no cultivo humano.

O Rio da Água da Vida

O Rido da Água da Vida origina do trono de Deus e flui por todo o reino celestial até retornar à origem. Esse rio é claro e puro como cristal, e flui silenciosamente como se não tivesse fluindo. Nunca evapora ou fica poluído. É como as ondas do mar que brilham como pedras preciosas refletindo a luz do sol em um dia claro. Ele representa o coração de Deus, que é a fonte da água da vida que revifica todas as coisas na natureza. O coração de Deus é lindo e increvelmente brilhante, sem nenhuma mancha ou culpa. É perfeito em tudo.

O fato de o reio da água da vida fluir em todo o reino celestial tem o significado que Deus governa todas as almas do Céu, deixando que vivam alegremente todos os dias pela Sua graça. O sabor da água da vida é meio doce e algo que jamais provamos nesta terra. Ela nos dá vida, força, e felicidade quando a bebemos.

Apocalipse 22:2 diz que o rio flui no meio da rua. Assim, ambos os lados do rio são ruas. Ele tem origem no trono de Deus e flui por todos os cantos do reino celestial, assim você pode andar em qualquer lado do rio que no fim chegará no trono de Deus. Espiritualmente, este fato significa que se vivermos segundo a Palavra de Deus, que é representada pela água da vida, não somente alcançaremos o reino celestial, mas também o mais belo lugar do Céu, a Nova Jerusalém.

Entre o rio da água da vida e a rua dos seus dois lados estão bancos de areia de ouro e de prata. Embora rígidos, os grãos em formato de bolinhas no Céu não macios ao toque. As pessoas não podem se machucar se rolarem ou correr na areia – não serão arranhadas. Ela não é soprada e não gruda na roupa como poeira.

Você pode nadar no rio também. Ainda que não saiba nadar nesta terra, poderá nadar como quiser no Céu. Nesta terra, para nadar geralmente precisamos nos trocar e por trajes de banho. Mas a água no Céu não permeia na roupa celestial, mas escorre por sua superfície. Assim, você pode nadar livremente usando suas vestimentas ordinárias.

Existem lindos bancos construídos nas ruas de ouro para espreguiçar em qualquer lado do rio. Ao redor deles, ficam doze tipos diferentes de frutos da árvore da vida. Apocalipse 22:2 diz, *"no meio da rua principal da cidade. De cada lado do rio estava a árvore da vida, que frutifica doze vezes por ano, uma por mês..."* Isso não quer dizer que um fruto cai cair e outro vai substituí-lo todo mês. Significa que os doze tipos de fruto estão sempre lá.

O fruto da vida é grande como um melão, mas tem o formato como o de uma maçã. É avermelhado, com uma linda cor. Os doze frutos são levemente diferentes no brilho, tamanho, formato, e gosto. Se alguém pega alguns dos frutos, um novo fruto cresce no lugar imediatamente. É mais cheiroso do que qualquer fruta da terra e tem um gosto que supera palavras humanas. Ele derrete na boca como uma bala de algodão.

Numa visão Deus uma vez me mostrou uma cena do reio da vida. Os filhos de Deus estavam sentados em bancos decorados com ouro e pedras preciosas e conversavam prazerosamente uns com os outros. Se eles nutriam o pensamento de que queriam comer do fruto da vida na conversa, os anjos ministradores liam suas mentes e traziam os frutos em cestas de ouro. Dos bancos, dá para ver o rio juntamente com seus amados ao seu redor, ou pode ter um prazeroso diálogo com eles enquanto fazem uma caminhada. Como essa vida será feliz!

Animais e Plantas do Céu

No Céu, o número de animais, pássaros, e peixes é simplesmente enorme. Existem alguns que não existem nesta terra e há os que existem na terra, mas não existem no Céu. Estes animais são aqueles considerados detestáveis em Levítico 11.

Os animais no Céu são um pouco maiores do que os da terra. Parecem um pouco mais imponentes e ainda assim são amenos no temperamento e obedientes. O pelo dos mamíferos e as penas dos pássaros emitem luzes brilhantes e exalam uma suave fragrância. Nem o leão é feroz, mas é manso. O pelo limpo e a juba dourada são incríveis de observar.

Os animais no Céu dão boas vindas aos filhos de Deus e se regozijam quando os veem. Especialmente na Nova Jerusalém, haverá algumas pessoas que ganharão animais de estimação pessoais ou até mesmo um zoológico como recompensa. E eles fazem truques para agradar seus mestres. Não que eles entendam a mente de seus mestres por terem alma, mas assim como anjos obedecem às ordens de Deus, os animais no Céu, como seres espirituais, quase que automaticamente agem de maneira a agradar seus donos.

No Céu, são muitos os tipos de plantas, incluindo a árvore da vida, outras árvores que dão frutos, e flores. As plantas desta terra obtem nutrientes com as raízes e através da fotossíntese. No entanto, no Céu as plantas vivem para sempre sem esses processos, mas somente pelo poder da vida dada por Deus. As raízes das plantas não absorvem nutrientes. Obviamente, as formas das flores, seus cheiros, e frutos podem mostrar a distinção entre elas, mas as raízes também são um meio de demonstrar a diferença de uma planta para outra.

As plantas no Céu exalam um cheiro único forte, mas ao mesmo tempo ameno. Podem sacudir ou curvar seus galhos para expressar algum significado. Mexem-se como se fossem anjos dançando músicas de louvor, e também podem louvar a Deus com suas fragrâncias, exalando-as o máximo possível.

As folhas, flores, ou frutos nunca caem, mesmo com o passar do tempo. Seu aroma e cores nunca mudam. Se você puxa uma flor, uma nova flor a substitui imediatamente – e assim também é o caso dos frutos. As flores que são arrancadas também não murcham e seu frescor se mantém. Se quiser manter um flor, ela durará o tanto que você quiser. Se quiser descartá-la, ela se dissolve e desaparece no ar. Algumas flores tem o cheiro mais forte quando são pulverizadas. Se quiser, você pode guardar o pó em garrafas pelo tempo que desejar.

Cada planta tem seu cheiro único. Elas tem um cheiro fresco, doce, ameno e nobre. A fragrância em cada lugar celestial tem diferentes significados. Por exemplo, as rosas do Paraíso são apenas um dos muitos tipos de flores lá. Mas na casa de um indivíduo na Nova Jerusalém, o coração do dono estará contido na fragrância da rosa na casa. Quando alguém for visitá-lo, as rosas exalarão um cheiro especial para o convidado para expressar o coração do proprietário. As rosas em diferentes casas na Nova Jerusalém exalam diferentes fragrâncias.

Além disso, algumas das plantas que estão na Nova Jerusalém não estão presentes em outros lugares celestiais. A diversidade das flores diminui à medida que você desce da Nova Jerusalém em direção ao Paraíso. Ademais, a liberdade para se usar as flores para fins pessoais também aumenta gradativamente. O conforto de sentar na grama e a cor do gramado também varia de um lugar para o outro.

Tudo no Céu, incluindo os animais e plantas, é preparado por Deus para Seus filhos salvos. Para os filhos verdadeiros de Deus que viveram somente segundo a vontade Dele nessa terra será dado tudo o que quiserem no Céu.

A Vida Cultural no Céu

Deus fez uma variedade de instalações recreativas em cada lugar do Céu para dar a Seus filhos ainda mais alegria e felicidade.

Elas são incomparavelmente maiores do que qualquer parque de diversões deste mundo e tem muitas outras coisas divertidas também.

Uma vez que estamos no corpo celestial aperfeiçoado no Céu, não há o que temer. Você não terá medo de brinquedos como montanhas russas, mas só será divertido por elas. Além de parques de diversões, há também muitas outras coisas para entretenimento, recreação e diversão. Também podemos ter hobbies para aperfeiçoar talentos em certas habilidades, assim como na terra.

Podemos desfrutar as coisas que costumávamos desfrutar nesta terra; e se nesta terra deixamos de fazer algo por causa da obra de Deus, o faremos no Céu o tanto que quisermos. Além do mais, aprenderemos coisas novas também. Por exemplo, podemos aprender a tocar instrumentos musicais como violino, flauta, ou harpa. No Céu, todos são sábios e excelentes, assim podemos aprender a tocar bem rapidamente.

Os esportes no Céu excluem qualquer jogo que possa machucar ou prejudicar os outros. Haverá certas regras para cada jogo. Podemos ter esportes de equipe como o vôlei, basquete, futebol, ou baseball, mas haverá também esportes individuais como o tênis, esqui, golfe, boliche, ou natação. Podemos também usufruir de esportes como asa delta, Wind surfing, ou barco a vela. As instalações esportivas e os equipamentos no Céu são livres de acidente e decoradas com ouro e pedras preciosas acrescentando mais alegria a tudo.

O Céu não é um lugar onde você pode ter prazer vencendo na

competição. Você pode ter prazer e satisfação o suficiente só pelo fato de poder jogar. Qual é o sentido de jogos se não se pode ter um vencedor, você pode perguntar? Mas por não haver maldade no Céu, dar mais prazer e vantagem ao outro é ganhar o jogo. Obviamente, há também jogos em que você obtém prazer com a competição em boa fé. por exemplo, as pessoas inspiram a fragrância das flores o tanto que podem e a expiram na frente de outros. Os pontos serão dados de acordo com o tanto que você agrada a Deus inspirando a fragrância, ou o quão bem você mistura os tipos de aromas. É uma competição de quanto prazer você pode dar a outras pessoas, e isso também é agradável aos olhos de Deus. há também muitos outros tipos de entretenimento no Céu que são mais divertidos do que qualquer coisa nesta terra. Eles não causam cansaço como jogos de arcada ou vídeo games, e você nunca fica entediado.

Você também pode assistir filmes no Céu. Nos teatros, pode ver eventos monumentais que aconteceram durante o curso do cultivo humano. A Criação, a arca de Noé, o Êxodo, o ministério de Jesus, a providência da cruz, as obras de fogo do Espírito Santo no fim dos tempos, e as histórias de cada um dos patriarcas da fé serão todas transformadas em filme.

Por exemplo, você poderá ver um filme sobre a vida inteira do apóstolo Paulo. Pode ver como ele conheceu o Senhor e dedicou toda a sua vida ao seu amor pelo Senhor. Pode aprender detalhes que não estão na Bíblia. Você verá a vida de Paulo como se estivesse com ele pessoalmente nos eventos, como sua perseguição tão severa que ultrapassa os limites da resistência humana. Poderá experimentar sua prisão em Filipo, e a gratidão e louvor a Deus mesmo quando estava no mar depois do naufrágio. Como isso será emocionante e instigante!

O Transporte no Céu

Podemos visitar lugares lindos e misteriosos no reino celestial. Haverá cenários únicas, de tirar o fôlego aonde quer que formos. Estando no corpo celestial aperfeiçoado, não há cansaço mesmo depois de viajar por muito tempo. O coração do espírito nunca muda, assim, nunca nos entediamos, mesmo se visitamos o mesmo lugar.

Haverá diferentes meios de transporte para se viajar. Existem os transportes públicos como o trem celestial; e os privados como os automóveis de nuvem ou as carruagens de ouro. O trem celestial é decorado com pedras preciosas brilhantes de diferentes cores e oferece aos passageiros grande conforto. Será realmente deleitoso observas as vistas do lado de fora das janelas. Quando os crentes no Paraíso forem convidados a visitarem a Nova Jerusalém, irão para lá com o trem celestial. Ele, na verdade, pode voar no céu em uma altíssima velocidade.

Embora seja chamado de automóvel de nuvem, esse carro não é feito de vapor, mas de nuvem de glória, adicionando mais beleza à vida no Céu. Quando você anda com ele, os outros sentem dignidade e autoridade. Quando o Senhor voltar, Ele virá nas nuvens (1 Tessalonicenses 4:16-17; Apocalipse 1:7). Isso é porque elas acrescentarão mais dignidade, honra e beleza ao evento. Deus dá o carro de nuvem àqueles que forem para o Terceiro Reino do Céu ou acima dele. No Terceiro Reino, os automóveis são para uso público, mas na Nova Jerusalém as pessoas ganham carros particulares. Olhando por este ângulo, o fato de se possuir um automóvel de nuvem já mostra a glória de seu proprietário.

Aqueles que estão na Nova Jerusalém também podem fazer uma viagem com o Senhor nos carros de nuvem, que são geralmente dirigidos por anjos. Alguns deles são como carros pequenos de passageiro enquanto outros são maiores e possuem vários assentos. O design, a cor, e a decoração de cada carro também varia. Há também um carro feito com apenas um pedacinho de nuvem, que é usado para distâncias curtas. Ele leva e deixa a pessoa com delicadeza em seu destino, por exemplo, como um carro de golfe quando ela está jogando!

Culto de Adoração e Educação no Céu

Todos nós iremos a cultos de adoração no Céu também. O próprio Deus trará as mensagens. Aprenderemos sobre o reino espiritual detalhadamente incluindo a origem de Deus, o Início dos Tempos, e a eternidade; e também teremos m tempo para ouvir o Senhor. Além disso, conversaremos com Deus, com o Senhor e com o Espírito Santo, e isso é a oração lá no Céu. Também louvaremos a Deus com novas canções.

No Céu, se você precisa visitar um lugar em um nível

121

superior ao que você habita, você precisa se vestir de acordo com o lugar e a ocasião que vai. O culto de adoração realizado na Nova Jerusalém será transmitido a todos os lugares, assim, todos poderão participar dele. Contudo, não será preciso equipamentos necessários para isso. Os anjos irão desdobrar algo como um enorme pedaço de pano, que vai se tornar a tela de vídeo. As luzes e cores serão automaticamente ajustadas para cada lugar celestial para que todos possam assistir um vídeo vívido e terem a sensação de como se estivessem no lugar real.

A razão de as luzes serem ajustadas em cada lugar é porque se as luzes de Deus fossem retransmitidas como são, aqueles do Terceiro Reino do Céu ou abaixo não poderiam olhar para Ele diretamente, por serem as luzes brilhantes demais. Aqueles que estão no Segundo Reino e abaixo não conseguiriam sequer levantar a cabeça para olhar para a face do Pai na tela, pois suas consciências não permitiriam.

E é assim especialmente por causa daqueles que estão no Paraíso, que receberam a 'salvação com vergonha'. Eles não podem sequer olhar para a tela devido à vergonha que sentem. Além dos cultos de adoração onde Deus é o interlocutor, você pode convidar o Senhor, o Espírito Santo, e os patriarcas da fé como Moisés e Paulo para serem interlocutores nos cultos também.

Continuaremos prendendo coisas novas mesmo depois de chegar no Céu. O reino do céu é sem fim, e, portanto, por mais que estudemos, nunca teremos aprendido tudo sobre o Criador, que existe desde antes da eternidade e por toda ela. É difícil entender completamente a infinita profundidade de Deus, que governa tudo no universo. Sentiremos que o Céu é cheio de coisas que verdadeiramente precisamos aprender. Contudo, o aprendizado no Céu, diferente do da terra, só tem alegria. Entenderemos tudo que aprendermos e nunca esqueceremos a coisa que já tivermos entendido. Assim, aprender não é difícil de forma alguma. Além do mais, nós não somente ouvimos palestras. Haverá programas tri-dimensionais que nos ajudam a compreender.

Imagine a voz original de Deus dizendo "Haja luz" soando por todo o universo, a luz sendo formada e também as luzes sendo separadas; tudo isso ocorrendo bem diante de seus olhos! Imagine que você pode ver o firmamento sendo formado da água e a água sendo dividida da água. Como tudo isso será grande e magnífico!

Diversas Festas no Céu

Diversas festas no Céu podem ser consideradas a culminação da alegria da vida celestial. Elas nos farão sentir a abundância, liberdade, beleza e glória do Céu num piscar de olhos. Nelas, as pessoas assistirão apresentações especiais ou dançarão com seus amados nas mais lindas roupas. Mesmo que você não saiba dançar nessa terra, poderá aprender rapidamente e dançar no Céu.

Até nessa terra, a pessoa cheia da inspiração do Espírito Santo pode entrar num estado onde novas línguas e novos cânticos saem de sua boca. Então, as mãos e braços movem-se automaticamente de forma ritmada para dançar e louvar a Deus. No Céu, com o corpo celestial aperfeiçoado, qualquer pessoa poderá dançar lindamente qualquer tipo de música. A pessoa poderá inclusive glorificar a Deus com um solo.

Existem muitos tipos de festas no Céu, e seu tamanho e nível vão variar de acordo com o lugar celestial. Na Nova Jerusalém, existem festas realizadas em nome da Trindade, ou banquetes realizados em nome do Pai, do Filho e do Espírito Santo respectivamente. O tempo todo, as pessoas em todos os lugares celestiais serão convidadas a participarem do banquete realizado em nome da Trindade.

Por exemplo, depois do Julgamento do Grande Trono Branco, saberemos qual o nosso lugar celestial, e haverá o primeiro banquete realizado na Nova Jerusalém. Deus convidará todos os cidadãos do reino celestial para essa festa. Todos aqueles que estiverem na Nova Jerusalém e no Terceiro Reino do Céu poderão participar, mas aqueles do Segundo Reino para baixo terão apenas representantes indo a essa festa.

Quando as pessoas de outros lugares celestiais forem à festa realizada na Nova Jerusalém elas terão de trocar de roupa e ornamentações para que se enquadrem lá. É que a luz dos corpos celestiais é diferente de um lugar celestial para outro. Ao colocarem roupas adequadas à Nova Jerusalém, poderão se adaptar ao lugar, e se encaixarão ao banquete realizado ali.

Existem áreas designadas onde as pessoas podem trocar de roupa. Há também diversos tipos de roupas preparadas para elas.

Entretanto, aquelas que são do Paraíso tem de se trocar sem a ajuda de anjos. Ao usarem roupas radiantes da Nova Jerusalém, se comoverão por uma glória inexprimível, e se sentirão indignas por estarem com vestimentas que não ganharam o privilégio de vestirem.

Diferente das roupas, as coroas não são preparadas para se entrar na Nova Jerusalém. É preciso que cada um traga a sua própria. As coroas do Terceiro Reino são diferentes das da Nova Jerusalém, e há uma marca pequena e redonda no canto direito de cada uma. Aqueles que são do Segundo, Primeiro Reino ou Paraíso colocam um símbolo redondo no lado esquerdo do peito para que possam ser facilmente distinguidos daqueles da Nova Jerusalém ou do Terceiro Reino do Céu. Aqueles do Segundo e do Primeiro Reinos colocam suas coroas para irem à festa, mas aqueles do Paraíso não tem coroas, e assim, não usam nenhuma.

Festas nos Diferentes Lugares Celestiais

Os anjos geralmente cuidam da ornamentação, cerimonial, serviço de alimentação, e todos os outros aspectos da preparação de festas celestiais. Assim como aviões tem diferentes serviços de acordo com a classe, o nível de serviço e todas as preparações das festas são diferentes em cada lugar celestial.

Se dissermos que os banquetes da Nova Jerusalém são festas dadas pela família real ou nobreza, então os banquetes no Paraío podem ser comparados a uma festa que pobres camponeses dão aos seus vizinhos. Mas isso é apenas uma alegoria, e não significa que as festas no Paraíso sejam de certa forma desprezíveis ou pobremente preparadas. Significa apenas que há uma grande diferença entre as festas na Nova Jerusalém e aquelas do Paraíso. As festas no Paraíso não são dadas por nenhum indivíduo. São para o público geral ou certos grupos. Não tem anjos ministradores, assim as pessoas tem de preparar tudo por conta própria. No entanto, mesmo no Paraíso, não há maldade, mas somente bondade e amor, assim todos preparam tudo com alegria e felicidade. Todos servem uns aos ouros com consideração, e assim podem desfrutar o máximo de tudo. Na verdade, é um tipo de felicidade que nunca sentiremos nem mesmo na festa mais luxuosa deste mundo. Dá então para imaginar a felicidade e a alegria dos banquetes da Nova Jerusalém?

Apresentações

Músicas e danças são partes vitais das festa do Céu assim como as desta terra. Lindos anjos dançam elegantemente ou tocam instrumentos e cantam canções. Há também aqueles que apresentam louvores ou tocam junto com os anjos. O louvor, dança e instrumentos tocados pelos anjos são perfeitamente lindos e habilidosos. Mas Deus aceita algo mais agradável do que as apresentações dos anjos: o louvor, as danças e as apresentações instrumentais dos Seus filhos, pois eles oferecem tais coisas com uma compreensão do coração de Deus e com o seu amor por Ele.

Existem tipos especiais de locais de apresentações na Nova Jerusalém também. Existem halls grandes e maravilhosos muito maiores do que o Carnegie Hall ou o Madison Square Garden em Nova Iorque, ou a Opera House em Sydney, que frequentemente recebem atrações. E não para que aqueles que apresentam apareçam, mas é somente para dar glória a Deus e render alegria e felicidade ao Senhor e outras pessoas.

No geral, aqueles que apresentam geralmente são aqueles que já apresentavam nesta terra, e às vezes eles recriam o que apresentavam aqui. Além disso, há pessoas que queriam participar de apresentações nesta terra mas não podiam. Estas aprendem novas canções de louvor e danças no Céu e as apresentam.

De acordo com o tanto que aqueles que se apresentam se santificaram, eles podem apresentar exclusivamente na Nova Jerusalém, Terceiro Reino, Segundo ou Primeiro Reino do Céu. Os cantores, dançarinos, e os que tocam instrumentos para a Nova Jerusalém são os artistas de alto escalão muito amados por todos no Céu. Todos no Céu podem ver suas apresentações, pois as festas ou as apresentações realizadas em Nova Jerusalém em nome da Trindade são transmitidas ao vivo a todos os lugares celestiais.

A tela será desdobrada no ar na altura mais confortável aos olhos, e assim, ao ver o vívido vídeo as pessoas sentirão como se estivessem no local das apresentações. Dessa maneira, as pessoas em outros lugares celestiais podem ser tocadas pelas festas ou apresentações de Nova Jerusalém. Assim como celebridades são seguidas por muitos fãs nesta terra, há anjos que são encarregados de seguirem esses artistas. Eles os chamam de 'Mestre' e tentam agradá-lo e dar-lhes felicidade e alegria.

Sendo amada e adorada por inúmeros anjos

Há uma mulher na Nova Jerusalém que tem grande honra e é seguida por inúmeros anjos. Ela é aquela que cultivou um coração do espírito perfeito nesta terra – Maria Madalena. Ela usa um vestido resplandecente que desce até o chão. Seu cabelo vai até a cintura e ela é deslumbrantemente linda com sua coroa na cabeça.

Maria Madalena cultivou perfeita bondade enquanto vivia nesta terra, e sua forma espiritual emana uma luz de glória extremamente brilhante. Sua voz é cheia de humildade e é tão suave como o som do fluir de um riacho. Quando ela fala, o aroma de sua humildade e bondade é entregue, e todos os anjos e pessoas se comovem com suas palavras. Assim, às vezes, os anjos ao redor de Maria Madalena fazem um círculo ao seu redor e louvam seu aroma de bondade.

Ela tem uma posição de tanta honra que consegue ver Deus o tempo todo, assim, a pessoa pode sentir o coração, dignidade, e a luz da glória de Deus só de olhar para ela. Agora, como pôde Maria Madalena chegar a essa posição?

Maria Madalena foi curada de muitas doenças e liberta do poder das trevas ao encontrar o Senhor. Ela ficou eternamente grata por essa graça do Senhor e O serviu sem vacilar. Quando Jesus foi crucificado, muitos dos que O seguiam foram embora. Ela, entretanto, tinha um coração tão constante que ficou com Jesus até a Sua morte. Ela até foi visitá-Lo em Sua tumba. No fim, ela veio a ficar perto do trono de Deus na Nova Jerusalém.

Deus quer compartilhar o Seu eterno amor com Seus verdadeiros filhos que cultivaram um coração tão lindo de bondade como o de Maria Madalena.

Isaías 43:21 diz, *"ao povo que formei para mim mesmo a fim de que proclamasse o meu louvor."* O que Deus quer não são lindas vozes, coreografias maravilhosas, ou lindos sons de instrumentos musicais. Ele que os louvores que vem de corações sinceros e bons. Às vezes, Deus canta também. Em linda melodia e rima, Ele canta sobre as incríveis coisas que Seu único Filho fez, ou obras extraordinárias manifestas pelo Espírito Santo.

Ninguém pode imitar Sua voz ao cantar. Ela é tão linda que todos são totalmente cativados só de ouvi-la. É também tão alta que pode fazer o mundo tremer, mas nem todos do Céu conseguirão ouvi-la. Ela pode ser ouvida somente por aqueles que estiverem próximos ao trono de Deus na Nova Jerusalém. Portanto, deseja-se que se chegue ao nível de espírito pleno, louve-se a Deus no reino eterno do céu, e alcance-se uma posição gloriosa onde podemos até ouvir o cantar de Deus.

Parte 3

Transcendendo Limitações Humanas

Experimentando o Espaço de Deus

Vendo Deus, que é Luz

"Digo a verdade:
Aquele que crê em mim fará também
as obras que tenho realizado.
Fará coisas ainda maiores do que estas,
porque eu estou indo para o Pai."
- João 14:12

Capítulo 1
O Espaço de Deus

Diferente do espaço físico, o espaço de Deus é ilimitado.
Ao nos tornarmos verdadeiros filhos de Deus,
podemos transcender limitações humanas com o poder ilimitado de Deus.
no espaço de Deus, coisas podem ser criadas do nada, o morto pode voltar a viver,
e tudo o que Deus nutre em Seu coração pode ser feito.
Não há nada que seja impossível nesse espaço.

Para Possuir o Espaço de Deus

Obras de Criação Acontecem no Espaço de Deus

As Obras que Transcendem o Tempo e o Espaço

Experimentando o Movimento pelos Espaços

Amor que Transcende a Justiça

O espaço é uma extenção ou expanção de uma superfície ou área tridimensional. Também pode se referir à infinita extenção da região tridimensional na qual toda matéria existe. Hoje, há também o cyber espaço, que é criado por computadores. Da mesma forma, podemos usufruir o espaço de Deus e experimentar coisas incríveis registradas na Bíblia à medida que o entendermos e utilizarmos.

O espaço espiritual não é algum lugar no fim do fim do universo, mas fica muito próximo do nosso espaço físico. Assim como podemos ver o lado de fora quando abrimos as janelas de nossas casas, podemos ver o espaço espiritual se o portão do mundo espiritual abrir.

Na Bíblia, podemos ler sobre o Senhor ressurreto ascendendo ao Céu aos olhos de muitos discípulos. Atos 1:9 diz, *"Tendo dito isso, foi elevado às alturas enquanto eles olhavam, e uma nuvem o encobriu da vista deles."* Jesus foi para o Céu pelo espaço espiritual que foi aberto mais ou menos na mesma altura onde as nuvens se formaram. Se entendermos claramente o espaço espiritual, poderemos ter as respostas a muitas passagens difíceis da Bíblia e também poderemos ter uma perfeita fé e esperança pelo Céu.

Parece que todos os homens não tem outra escolha senão viver dentro de suas limitações de tempo e espaço. Porém, podemos superar tais limitações se nos tornarmos verdadeiros filhos de Deus. Nem os espíritos malignos poderão nos tocar, e no fim acabaremos indo para o reino do céu localizado no terceiro céu, onde até mesmo o espírito vivente de Adão não poderia viver. Além do mais, também experimentaremos o ilimitado pode Deus que é do quarto céu. *"E, porque vocês são filhos, Deus enviou o Espírito de seu Filho ao coração de vocês, e ele clama: 'Aba, Pai.' Assim, você já não é mais escravo, mas filho; e, por ser filho, Deus também o tornou herdeiro"* (Gálatas 4:6-7).

Espaço e Dimensão aos Olhos de Deus

Como mencionado na Parte 1 'O Vasto Espaço do Mundo Espiritual', depois que Deus planejou o cultivo humano, Ele dividiu o espaço original em muitos espaços com diferentes dimensões. Em geral, Ele dividiu o espaço em quatro céus do primeiro ao quarto. O primeiro céu é uma porção minúscula comparado ao espaço original. Quando Deus criou diferentes espaços com diferentes dimensões, Ele estabeleceu um princípio dentre eles que dita que a dimensão mais alta pode subjugar e governar sobre as dimensões inferiores a ela.

O primeiro céu, que é o universo físico incluindo a Terra, o sol, a luz e as estrelas que vemos, é a primeira dimensão. É um mundo físico, assim as coisas mudam, perecem, ou morrem. A segunda dimensão é o espaço do segundo céu. Este é basicamente dividido na área de luz e na área de escuridão. Na área de luz fica o Éden, no quando o Jardim do Éden está localizado. Adjacente ao Éden fica a área de escuridão, onde espíritos malignos tem a autoridade dos ares.

A terceira dimensão é o reino celestial, o terceiro céu. É o lugar onde os filhos salvos de Deus viverão para sempre. Com o centro na Nova Jerusalém, onde fica o trono de Deus, há diferentes lugares celestiais para se habitar, e eles variam de acordo com a medida da fé de cada um. A quarta dimensão é o quarto céu, e é o espaço onde o Deus original existia como luz e voz. É de lá, do quarto céu, que a Trindade governa todas as coisas – o terceiro, segundo e primeiro céus – enquanto mostra as obras de criação e transcende tempo e espaço.

O misterioso espaço tetradimensional é o espaço de Deus. é onde o Deus original existia e é uma lindo lugar. Ninguém pode entrar nessa área, mas somente a Trindade e algumas pessoas com permissão especial de Deus.

O espaço de Deus é infinito e é onde Deus pode fazer coisas que existem desaparecerem e criar outras do nada. Substâncias podem existir em forma de líquido, gás, e matéria sólida. Só aqueles com as devidas qualificações podem entrar nesta área. Agora, vamos conhecer mais sobre esse maravilhoso e misterioso espaço de Deus.

O Coração de Deus no Espaço de Deus

O espaço onde Deus existia antes das eras é uma realidade espiritual invisível aos nossos olhos. É um grande espaço, e naquela época o mundo espiritual e o mundo físico não eram separados. Deus existia como uma luz linda e brilhante com uma voz. Ele Se movia por todo o universo, governando tudo sozinho.

O Deus original acolhia todo o universo em Seu coração. em outras palavras, o espaço inteiro do universo era contido em Seu coração. Deixe-me dar-lhe uma ilustração para que possa entender melhor o que 'acolher o espaço no coração'. Se você se lembra da cidade onde nasceu, pode se perguntar como ela deve estar agora. Ou, se pensa em alguém a quem ama e lembra de quando você estava com aquela pessoa, sua mente já está no lugar onde você estava com ela.

Com Deus, Ele pode estar em qualquer lugar do universo transcendendo tempo e espaço se Ele simplesmente pensar nisso em Seu coração. Expressamos esse traço de Deus dizendo que Ele é 'onipresente'. Por causa dessa onipresença, Ele pôde pensar em todos os cantos do universo e governar sobre tudo.

O Salmo 68:33 diz, *"Aquele que cavalga os céus, os antigos céus. Escutem! Ele troveja com voz poderosa."* 'Cavalgar os céus' significa que Deus governava completamente todos os espaços, do primeiro até o quarto céus. O diz-se que Sua voz é poderosa, mas essa voz não é audível aos nossos ouvidos. Quando Deus fala com a voz original da criação, todas as coisas obedecem, e Sua autoridade e dignidade sacodem todos os céus.

Para Possuir o Espaço de Deus

Deus quer que Deus amados filhos possuam o espaço de Deus e também governem sobre todos os espaços. Mas há uma condição para se conseguir possuir esse espaço, pois existem regras de amor e justiça estabelecidas por Deus para o cultivo humano. Justiça é a lei e os princípios. Assim como existem muitas leis para a sociedade e leis de trânsito para se dirigir, há também a Lei de Deus, e essa é a justiça de Deus.

Então, o que é possuir o espaço? É acolher o espaço completamente no coração. Obviamente, acolher o espaço de Deus em nosso coração não significa que podemos ser onipresentes como Ele, mas que coisa extraordinárias podem acontecer quando desdobramos o espaço de Deus neste mundo físico.

Quando Deus dividiu os espaços, Ele os dividiu de acordo com a Sua justiça e amor, que são adequados a cada um dos espaços. À medida que subimos de dimensão, do primeiro até o quarto céus, a dimensão de justiça também fica mais ampla e profunda. Cada céu é mantido em perfeita ordem. A razão de cada espaço ter uma dimensão diferente de justiça é porque cada céu tem uma dimensão diferente de amor. Amor e justiça não podem se separar. Quando mais profunda a dimensão de amor, mais profunda a dimensão de justiça também.

Quando Jesus perdoou a mulher que tinha cometido adultério, foi por um amor que vai além do nível de justiça (João

8). Quando a mulher foi pega no ato do adultério, as pessoas que julgaram com a justiça do primeiro céu afirmaram que ela devia ser imediatamente apedrejada. Jesus, todavia, tendo a justiça do quarto céu, disse, *"Eu também não a condeno. Agora vá e abandone sua vida de pecado"* (João 8:11). Aquilo era amor verdadeiro contido em justiça.

Poderemos possuir o espaço de Deus e nos movermos livremente por todos os espaços somente quando tivermos o amor e a justiça de Deus por completo. Então, poderemos também entender as regras do mundo espiritual e compreender todas as coisas que estiverem acontecendo neste mundo físico. Jesus, sem ter pecado algum, morreu na cruz no lugar de pecadores. Por Ele ter o amor que ultrapassa a justiça, Ele manifestou incríveis obras do poder de Deus como a cura de doenças incuráveis e acalmar as ondas do mar. Ele também podia ler os pensamentos e mentes das pessoas que pertenciam à primeira dimensão.

Aqueles que estão na primeira dimensão são amarrados por limitações de tempo e espaço físico. Mas depois que aceitamos Jesus Cristo e nascemos de novo pelo Espírito Santo, podemos ser libertos dessas limitações à medida que cultivamos nosso coração em coração espiritual. Se nos tornarmos pessoas espirituais e plenamente espirituais que pertencem à terceira dimensão, que é o mundo espiritual, o inimigo, o diabo e Satanás, que pertencem à segunda dimensão, irá nos temer muito embora estejamos fisicamente na primeira dimensão.

Gênesis 1:28 diz, *"Deus os abençoou e lhes disse: Sejam*

férteis e multipliquem-se! Encham e subjuguem a terra!
Dominem sobre os peixes do mar, sobre as aves do céu e sobre
todos os animais que se movem pela terra." Adão era um
espírito vivente. Ele era um ser espiritual vivendo no segundo
céu e tinha autoridade para governar sobre todas as coisas do
Primeiro Céu.

Da mesma forma, se tivermos a justiça e amor de Deus que
pertence ao quarto céu, podemos manifestar o poder de Deus
que pertence ao quarto céu e ultrapassa as limitações humanas.
É por isso que Jesus prometeu em João 14:12, *"Digo a verdade:*
Aquele que crê em mim fará também as obras que tenho
realizado. Fará coisas ainda maiores do que estas, porque eu
estou indo para o Pai."

Obras de Criação Acontecem no Espaço de Deus

Podemos realizar qualquer coisa no espaço de Deus.
sobretudo, haverá obras de criação. Quando Deus fez os céus
e aterra e todas as coisas que neles há, foi obra de criação. Jesus
também manifestou obras de criação, pois Ele possuía o espaço
de Deus. Um dos melhores exemplos é Seu primeiro sinal em Seu
ministério, que foi transformar a água em vinho.

Um dia Ele foi a um casamento, e faltou vinho. A Virgem
Maria se sentiu mal pelo anfitrião e pediu Jesus que o ajudasse.
Inicialmente, Ele pareceu recusar ao pedido de Maria. Mas Maria
não se desapontou, mas demonstrou uma fé imutável. Ela sabia
muito bem quem era Jesus e que Ele era mais do que capaz de

fazer vinho a partir de água. Maria cria que já tinha recebido a resposta de Jesus e assim disse aos servos que fizessem tudo o que Jesus dissesse.

Jesus viu a fé e Maria e disse aos servos que enchesse os potes de água. Quando os servos encheram os seis potes de água, Jesus pediu que pegassem alguns e levassem ao chefe dos garçons. Quando eles levaram a água até ele, ela tinha virado vinho. Só de pensar em seu coração, os seis potes de água se transformaram em bom vinho.

No espaço de Deus tal obra de criação pode acontecer com um simples nutrir o pensamento no coração. Obviamente, Jesus fez essa obra de criação quando foi apropriado de acordo com a justiça de Deus, e não simplesmente em qualquer momento. Esse sinal foi possível porque a perfeita fé de Maria foi o suficiente para cumprir a justiça de Deus.

Jesus alimentou milhares de pessoas com cinco pães e dois peixes, e noutro momento, com sete pães e dois peixes. Qual foi a justiça de Deus requerida para esse sinal aqui? *"Jesus chamou os seus discípulos e disse: Tenho compaixão desta multidão; já faz três dias que eles estão comigo e nada têm para comer. Não quero mandá-los embora com fome, porque podem desfalecer no caminho"* (Mateus 15:32).

Milhares de pessoas ficaram com Jesus por três dias consecutivos ansiando por Suas mensagens. Elas ouviam Jesus e se regozijavam quando enfermos eram curados. Sua fé em Jesus foi perfeita, pelo menos por um momento. Baseado na fé deles, o amor de Jesus aumentou ainda mais e isso cumpriu a justiça de Deus para que a obra da criação fosse possível.

A Viúva de Sarepta Experimentou a Obra da Criação

Uma obra de criação semelhante é mencionada em 1 Reis 17 também. Quando Elias foi para Sidom e conheceu a viúva de Sarepta em obediência à Palavra de Deus, ela era muito pobre. Devido a uma longa seca, não tinha mais comida. Ela só tinha um punhado de farinha e um pouco de azeite. Elias falou para ela assar um pão com aquele resto de comida que ela tinha, dando a ela uma palavra de benção, *"Pois assim diz o Senhor, o Deus de Israel: 'A farinha na vasilha não se acabará e o azeite na botija não se secará até o dia em que o Senhor fizer chover sobre a terra'"* (1 Reis 17:14).

Ao ouvir aquilo, a viúva de Sarepta não deu desculpas, as obedeceu. Ela não estava em uma situação para fazer aquilo se utilizasse o senso comum. Sua situação era de morte depois de comer o pouco de comida que lhe restava, e esse homem ainda estava pedindo que a desse a ele. Ela poderia tê-lo achado um 'cara-de-pau', mas não. Deus moveu o seu coração e a fez saber que aquele era um homem de Deus, e ela fez o que ele tinha dito a ela.

Que tipo de benção ela recebeu como resultado? 1 Reis 17:15-16 diz, *"Ela foi e fez conforme Elias lhe dissera. E aconteceu que a comida durou muito tempo, para Elias e para a mulher e sua família. Pois a farinha na vasilha não se acabou e o azeite na botija não se secou, conforme a palavra do Senhor proferida por Elias.''*

'Muito tempo' aqui não quer dizer só alguns dias, mas um longo período de tempo. A farinha e o olho não acabarem é uma obra de criação. Então, como pôde Elias manifestar tal obra de criação, que só pode ser manifesta no espaço de Deus?

Elias não possuía o espaço de Deus, mas pelo menos por aquele momento, ele leu e recebeu o coração e a vontade de Deus limitantemente. 'Limitantemente' aqui significa que ele leu o coração de Deus sobre uma certa coisa por um determinado momento no tempo. Às vezes Deus deixa que homens leiam Seu coração para cumprirem Sua vontade.

Eliseu recebeu a porção dobrado da inspiração de seu mestre Elias, mas quando Deus não o fez entender, ele sequer conseguiu saber porque a mulher sunamita estava atribulada em seu coração. Ele deu à luz a um filho porque serviu a um homem de Deus, Eliseu, com todos os seus esforços. Mas de repente seu filho morreu, e quando ele morreu, ela simplesmente foi imediatamente ter com Eliseu. No entanto, enquanto ela não o falou o que havia acontecido, ele não pôde saber qual era o problema.

"Ao encontrar o homem de Deus no monte, ela se abraçou aos seus pés. Geazi veio para afastá-la, mas o homem de Deus lhe disse: Deixe-a em paz! Ela está muito angustiada, mas o Senhor nada me revelou e escondeu de mim a razão de sua

angústia" (2 Reis 4:27).

Para ler o coração de Deus e utilizar o Seu espaço, é crucial cultivar o coração do espírito pleno para que confiemos em Deus e O obedeçamos completamente. A razão pela qual profetas como Elias, Abraao, Moisés, e Paulo utilizaram o espaço de Deus foi porque eles tinham o coração do espírito pleno. Quando Deus os ordenava alguma coisa, eles entendiam a intenção Dele contida na ordem. Eles sentiam como Deus iria trabalhar e podiam imaginar a situação em sua mente, e assim, tinha confiança espiritual.

Elias corajosamente proclamava o Deus vivo e trouxe fogo do céu porque sentia sem seu coração o que Deus iria fazer. Foi o mesmo quando ele pediu à viúva de Sarepta para dar-lhe o último punhado de farinha. Se tivermos total confiança em Deus, poderemos obedecer até as coisas que não fazem sentido algum, e quando o fizermos, será feito como Deus falou. A obra de criação aconteceu com a viúva porque tanto ela quanto Elias cumpriram a medida de justiça de Deus.

A viúva confiou no homem de Deus, Elias, e ela creu em sua palavra como sendo a própria Palavra de Deus. Ela obedeceu sua palavra sem hesitar e sem usar pensamentos humanos. Desta forma, ela pôde participar do espaço de Deus que Elias estava utilizando.

2 Crônicas 20:20 diz:

"Tenham fé no Senhor, o seu Deus, e vocês serão

sustentados; tenham fé nos profetas do Senhor, e terão a vitória."

Elias utilizou o espaço de Deus, que pertence a Deus exclusivamente, confiando Nele totalmente. A viúva confiou em Elias completamente, e consequentemente o espaço de Deus desceu sobre eles, e eles viram a obra de criação. Como no caso acima, Deus cobre pessoas com o espaço de Deus se com fé e obediência elas se unirem com homens de Deus que utilizam o Seu espaço.

Três Amigos de Daniel Sãos na Fornalha

Três amigos de Daniel foram lançados em uma fornalha só porque não se curvaram diante de um ídolo. A fornalha estava sete vezes mais quente do que o usual, e os soldados que se aproximaram dela para lançá-los lá dentro sofreram queimadura de morte. Obviamente, aqueles três homens também deveriam ter morrido; mas o que realmente aconteceu?

Daniel 3:24-25 diz, *"Mas logo depois o rei Nabucodonosor, alarmado, levantou-se e perguntou aos seus conselheiros: 'Não foram três os homens amarrados que nós atiramos no fogo?' Eles responderam: 'Sim, ó rei.' E o rei exclamou: 'Olhem! Estou vendo quatro homens, desamarrados e ilesos, andando pelo fogo, e o quarto se parece com um filho dos deuses.'"*

Certamente houve três homens que foram jogados dentro

da fornalha, mas havia quatro homens lá. O rei achou que um deles era como um filho dos deuses. Geralmente, as pessoas não conseguem ver seres espirituais, mas Deus abri os olhos espirituais do rei e possibilitou que ele visse o ser espiritual ali. Depois que os três homens saíram lá de dentro, as pessoas viram que o fogo não tinha tido nenhum efeito sobre seus corpos e que nenhum fio de cabelo deles havia se queimado. Suas calças estavam intactas, e ninguém estava com cheiro de fogo (Daniel 3:27).

Como tal coisa poderia ter acontecido? A razão pela qual os três amigos de Daniel foram protegidos é porque o espaço de Deus os cobriu. Podemos inferir isso a partir da frase que o homem 'como um filho dos deuses' estava com eles. Obviamente, não era dos 'deuses', as o único Deus, mas Nabucodonosor disse aquilo porque ele era crente em deuses gentios.

Então, quem era esse 'filho dos deuses'? Era o Espírito Santo. O próprio Espírito Santo desceu até eles e o espaço de Deus cobriu o espaço físico.

Moisés transformou a água amarga de Mara em água doce

Êxodo capítulo 15 mostra uma cena onde a água amarga de Mara se transformou em água doce, e isso também é um evento feito no espaço de Deus. Os filhos de Israel atravessaram o Mar Vermelho e foram para o deserto, ficando sem água por três dias. Acharam água em Mara, mas era amarga e não era bebível.

Agora eles reclamavam contra Moisés. Quando Moisés orou sobre isso, Deus o mostrou uma árvore. Quando ele a lançou as águas, a água ficou doce. Será que foi a árvore que teve elementos que puderam transformar o gosto da água? Não. Deus cobriu a água com o espaço de Deus e manifestou a obra de criação considerando a fé e obediência de Moisés.

O mesmo tipo de obra de criação foi manifesta em nossa igreja também e glorificou grandemente a Deus. Orei em Seul para que a água salgada de Muan se transformasse em água doce, e a oração foi respondida.

A água foi de um poço na Igreja Manmin de Muan, localizada em Heje Myeon, Muan Goon, Província de Jeonnam. O local é compleamente rodeado pelo mar, e quando cavam um poço, só se obtém água salgada. Instalaram uma tubulação de um lugar a 3 km dali para conseguirem água fresca, mas ela ainda era pouca. Os membros da Igreja Manmin de Muan se lembraram do sinal manifesto em Mara e, crendo que a mesma coisa aconteceria a ele, oraram para que assim o fosse. Pediram-me diversas vezes para eu ir a Muan e orar para que a água salgada se transformasse em água doce.

Em fevereiro de 2000, estava fazendo uma sessão de 10 dias de oração no monte, e eu especialmente orei pela Igreja Manmin de Muan. Durante aquele tempo, os membros da Manmin de Muan também conduziram um revezamento de jejum para orarem pela igreja e por mim, e eles testemunharam arco-íris circulares sobre sua igreja todos os dias por dez dias.

Depois que terminei minha oração no monte, estava inspirado pelo Espírito Santo para orar para que água salgada de Muan se tornasse doce. Não fui a Muan para orar pelos poços pessoalmente, mas Deus trabalhou transcendendo tempo e espaço para transformar a água salgada em água doce. Minha oração e a fé dos membros da Igreja Manmin de Muan cumpriram a justiça de Deus e tornou essa obra de criação possível. Até hoje o poço da Manmin de Muan brota água doce. É porque ele está coberto pelo espaço de Deus, o Criador. A água doce de Muan foi testada pela FDA dos EUA, que provou que ela é saudável e rica em minerais. Há também tantas outras obras acontecendo através da água que a procissão de peregrinos à igreja nunca cessa.

O Morto é Revificado

O espaço de Deus não pode mostrar somente a obra de criação, mas também pode controlar a vida e a morte. Ele pode fazer o morto voltar à vida ou matar o vivo. É para qualquer coisa que tenha vida – seja plantas ou animais.

Número capítulo 17 fala sobre a vara de Aarão que deu brotos. Aquilo foi possível porque ela foi coberta pelo espaço de Deus. a vara seca começou a brotar e a produzir botões, e produziu amêndoas dentro de um dia. Mesmo para uma árvore, meses teriam sido necessários para que isso acontecesse, mas aquilo tinha acontecido em apenas um dia e uma vara seca tinha produzido frutos. Aquilo foi possível porque a vara estava coberta pelo espaço de Deus.

Quando Jesus amaldiçoou a figueira, ela logo morreu, e isso também foi porque ela foi coberta pelo espaço de Deus. *"Vendo uma figueira à beira do caminho, aproximou-se dela, mas nada encontrou, a não ser folhas. Então lhe disse: 'Nunca mais dê frutos!' Imediatamente a árvore secou. Ao verem isso, os discípulos ficaram espantados e perguntaram: 'Como a figueira secou tão depressa?'"* (Mateus 21:19-20)

Foi o caso de Jesus ressuscitando Lázaro também. Em João capítulo 11, lemos que Lázaro já estava morto havia quatro dias e seu corpo já não cheirava bem. Entretanto, quando Jesus o chamou para for a, seu espírito voltou e seu corpo em decomposição foi regenerado. Até o impossível no espaço físico pode se fazer possível em um instante no espaço de Deus.

Havia um garoto adolescente em nossa igreja que perdeu completamente a visão em um de seus olhos, mas ela foi restaurada. Ele fizera uma cirurgia de catarata em seu olho esquerdo quando tinha três anos de idade, mas como efeito colateral, teve uma séria uveíte e descolamento de retina. Sua retina saiu da parede ocular e ele não conseguia enxergar bem. Para piorar, ele também tinha phthisis bulbi, ou globo ocular que encolhe. Enfim, acabou perdendo completamente a visão do olho esquerdo em 2006.

Mas em julho de 2007, ele reobteve sua visão através da oração. Seu olho esquerdo não conseguia sequer sentir qualquer intensidade de luz, mas veio a ter 0.1 de visão. Seu globo encolhido também recuperou o tamanho normal. Além disso, seu olho direito que antes de 0.1 de visão melhorou e foi para 0.9. esse caso foi apresentado juntamente com documentos médicos detalhados a mais de 220 médicos de 41 países na 5ª Conferência Médica Cristã Internacional realizada na Noreuga, e foi selecionado como o caso mais impressionante dentre outros da conferência.

O mesmo princípio de aplica a todos os órgãos, tecidos, ou nervos. Mesmo que os nervos ou células e tecidos estejam mortos por causa de acidentes ou doenças, eles modem ficar normais se forem cobertos pelo espaço de Deus. Até mesmo deficiências podem ser recuperadas no espaço de Deus. Além do mais, doenças que são causadas por germes ou vírus como câncer, AIDS, tuberculose, gripe, ou febre, podem ser curadas no espaço de Deus.

Em casos de doenças, o fogo do Espírito Santo vem e queima os germes ou vírus primeiro. Então, a parte do corpo da pessoa que está danificada por causa da doença se recupera. Mesmo casais inférteis, se a parte do corpo que tinha problema é coberta pelo espaço de Deus e se recupera, eles podem conseguir a concepção. Todavia, para ser curado de doenças e enfermidades no espaço de Deus, cada um tem que ter as qualificações da justiça de Deus.

As Obras que Transcendem Tempo e Espaço

As obras de poder manifesto no espaço de Deus podem ser feitas transcendendo as limitações de tempo e espaço, pois o espaço de Deu subjuga e transcende outras dimensões. O Salmo 19:4 diz, *"Mas a sua voz ressoa por toda a terra e as suas palavras até os confins do mundo. Nos céus ele armou uma tenda para o sol."* Isso significa que a Palavra de Deus falada do quarto céu vai até o fim do mundo.

Mesmo uma grande distância no primeiro céu, o espaço físico, é virtualmente o mesmo que zero de distância no espaço de Deus. A luz viaja ao redor da Terra sete vezes e meia em um segundo. contudo, a luz do poder de Deus pode alcançar não somente o fim da Terra, mas também o fim do universo em um piscar de olhos. A distância física não quer dizer nada no espaço de Deus.

Em Mateus capítulo 8, um centurião foi até Jesus e O pediu que curasse a enfermidade de um de seus servos. Jesus disse que Ele iria com ele, mas ele disse, *"Senhor, não mereço receber-te debaixo do meu teto. Mas dize apenas uma palavra, e o meu servo será curado"* (v. 8). Então, Jesus o respondeu *"Vá! Como você creu, assim acontecerá!"* (v. 13) Naquela mesma hora o servo dele foi curado.

Um doente foi curado estando em outro local quando Jesus ordenou com Suas Palavras porque Ele possuía o espaço de Deus. O centurião pôde receber tal benção porque ele demonstrou completa fé em Jesus. Jesus inclusive elogiou sua fé dizendo,

"Digo a vocês a verdade: Não encontrei em Israel ninguém com tamanha fé" (v. 10).

Para aqueles filhos que estão unidos com Ele em fé, Deus sempre mostra as obras do Seu poder transcendendo tempo e espaço. Cynthia, no Paquistão, estava morrendo de obstrução intestinal e doença celíaca. Sua irmã estava na Coréia na época, e ela levou a foto de Cynthia até mim para receber minha oração na foto. A obra de cura aconteceu ultrapassando as limitações de tempo e espaço. Nos Estados Unidos, Robert Johnson também foi curado transcendendo tempo e espaço. Ele tinha rompido seu tendão de Aquiles em uma queda e não conseguia andar por causa da forte dor que sentia. Disseram-lhe que uma cirurgia seria necessária para a cura, mas usando apenas um gesso ele se recuperou completamente sem nenhum procedimento cirúrgico em apenas nove semanas através da oração oferecida a seu favor na Coréia. Isso foi uma obra do poder de Deus manifesta no espaço de Deus.

Obras Extraordinárias do Apóstolo Paulo

Em Atos capítulo 19, lemos que Deus estava fazendo milagres extraordinários pelas mãos de Paulo. Quando ele ordenava em nome de Jesus Cristo, espíritos malignos iam embora e obras de cura aconteciam mesmo com apenas seus lenços e aventais tocando as pessoas. Ele foi picado por uma cobra venenosa, mas não sofreu dano algum, e ele também profetizou. *"Deus fazia milagres extraordinários por meio de Paulo, de modo que até lenços e aventais que Paulo usava eram levados e colocados sobre os enfermos. Estes eram curados de suas doenças, e os espíritos malignos saíam deles"* (Atos 19:11-12).

Semelhantemente, as obras poderosas de Deus podem acontecer mesmo por meio de objetos como lenços no espaço de Deus. Como isso é extraordinário! Existem muitas obras de cura acontecendo através dos lenços sobre os quais eu oro também. O poder de Deus nunca desaparece ou se extingue, independente de quanto tempo se passa, desde que a justiça de Deus não seja violada. Portanto, os lenços que contém o poder de Deus são muito preciosos, pois podem abrir o espaço de Deus independente do tempo e do lugar.

Mas se eles são usados de maneira incrédula por alguém que não tem fé, nenhuma obra de Deus será manifesta. Não só a pessoa que está orando com o lenço, mas também a que está recebendo a oração devem atender à qualificações da justiça de Deus. Elas precisam crer que o poder de Deus realmente está contido ali. A fé de quem está orando pela pessoa doente e a fé desta serão medidas precisamente, e a obra de Deus será manifesta na mesma proporção que essas duas pessoas estiverem de acordo com a justiça de Deus.

Josué Parou o Sol e a Lua

A razão de dimensões superiores poderem subjugar dimensões inferiores é porque a força da luz e o fluxo de tempo são diferentes. Quanto mais alta a dimensão de espaço, mais intensa a luz e mais rápido o fluxo de tempo. A luz no quarto céu é a mais intensa. Depois vem a do terceiro, e a do segundo.

Quanto ao fluxo de tempo, ele é mais rápido no segundo céu do que no primeiro, e é ainda mais rápido no terceiro céu. Mas no quarto céu, ele pode ser tanto rápido como devagar. Ele é operado segundo o que Deus alimenta em Seu coração. Deus pode estendê-lo, encurtá-lo, ou até pará-lo.

As obras de criação, os mortos voltando a viver, e a cura divina acontecendo transcendendo tempo e espaço são coisas possíveis com o fluxo de tempo que para. É por isso que determinado evento pode acontecer assim que ele é nutrido no coração ou assim que a ordem é dada.

Quando Josué estava em batalha contra os amorreus, o sol e a lua pararam, e houve uma 'extensão do fluxo de tempo'. Josué 10:13 diz, *"O sol parou, e a lua se deteve, até a nação vingar-se dos seus inimigos, como está escrito no Livro de Jasar."*

A Terra tem de girar em torno de si mesma uma vez por dia, e para o sol parar, a Terra precisa parar de girar. Se a Terra parar de girar mesmo que um momento, o impacto será enorme não apenas para a Terra em si, mas também para muitos outros corpos celestiais. Mas como pôde o sol parar um dia inteiro?

Podemos achar a resposta no espaço de Deus. Naquele momento, Deus não só cobriu a Terra, mas também todo o primeiro céu com o espaço de Deus. Assim, pelo menos por um momento, tudo no primeiro céu sincronizou com o fluxo de tempo do mundo espiritual. Foi o fluxo de tempo estendido. O sol parou por um dia inteira, assim as pessoas podem ter sentido que muito tempo tinha se passado, quando, na verdade, pode ter sido apenas um minuto, ou até mesmo um segundo.

Naquele tempo, o primeiro céu inteiro estava no fluxo de tempo do mundo espiritual, assim o fluxo de tempo físico não estava com efeito algum. Ainda que somente uma determinada parte do primeiro céu e não ele inteiro fosse coberta pelo espaço de Deus, não haveria problemas, pois as outras partes do espaço físico continuariam sob o fluxo de tempo do espaço físico.

Elias correu mais rápido do que a carruagem do rei

Na Bíblia, podemos ver um caso onde alguém esteve em um fluxo de tempo encurtado. Foi quando Elias correu na frente da carruagem do rei Acabe, que está em 1 Reis 18. O fluxo de tempo encurtado é o oposto do fluxo de tempo estendido. Suponha que uma pessoa seja coberta pelo espaço da quarta dimensão. No espaço de Deus, ela pode encurtar essa uma hora se ela quiser. Se ela encurtá-la para 30 minutos, não significa que 30 minutos desapareceram, mas que uma hora é compressa em 30 minutos.

Por exemplo, suponha que você coloque um pano de 100 metros e corra de uma ponta a outra em 20 segundos. Então, se você dobrar o pano na metade, quanto tempo levará? São 50 metros, então serão aproximadamente 10 segundos. Se você dobrar o pano novamente, o comprimento será encurtado, e o tempo contraído. Mas o pano não desapareceu.

Isso é de certa forma semelhante com o encurtamento

do tempo no espaço de Deus. Elias correu em sua própria velocidade, mas pôde correr mais rápido do que a carruagem do rei, pois ele estava num fluxo de tempo encurtado. Geralmente, aeronaves comerciais voam a aproximadamente 900km, mas os passageiros no avião não sentem a velocidade.

1 Reis 18:46 diz, *"O poder do Senhor veio sobre Elias, e ele, prendendo a capa com o cinto, correu à frente de Acabe por todo o caminho até Jezreel."* O Rei Acabe estava se apressando em sua carruagem para evitar a chuva, e Elias correu mais rápido do que ela. Ele pôde correr mais rápido porque ele usou o espaço de Deus que não tem limitações de tempo e espaço. A Bíblia diz que 'o poder do Senhor veio sobre Elias'. Pelo poder de Deus, o corpo de Elias foi coberto pelo Seu poder e algo além das limitações humanas aconteceu.

Movendo Pelo Espaço Espiritual

Em Atos capítulo 8, Filipe recebeu a direção do Espírito Santo para encontrar o eunuco etíope no caminho de Jerusalém Ele pregou o evangelho de Jesus Cristo a esse eunuco e até o batizou. Filipe estava no deserto, na estrada para Gaza, mas num momento se encontrou em Azoto. Aquele foi, na verdade, um movimento pelo espaço espiritual semelhante ao 'teletransporte'. *"Quando saíram da água, o Espírito do Senhor arrebatou Filipe repentinamente. O eunuco não o viu mais e, cheio de alegria, seguiu o seu caminho. Filipe, porém, apareceu em Azoto e, indo para Cesareia, pregava o evangelho em todas as cidades pelas quais passava"* (Atos 8:39-40).

Para que o teletransporte aconteça, a pessoa tem de passar pela passagem espiritual que se forma pelo espaço de Deus. como o fluxo de tempo para na passagem espiritual, a pessoa pode ser teletransportada. Deus deixou que membros da nossa igreja experimentassem isso indiretamente. Foi através de libélulas. Libélulas que estavam em outras áreas foram para onde estávamos e desapareceram por meio de uma passagem espiritual formada pelo espaço de Deus.

Enxames de libélulas apareceram onde estávamos conduzindo nosso retiro de verão, e elas comeram mosquitos e outros insetos prejudiciais. Ali, libélulas maduras foram de um lugar para outro. Foi em 2006 quando a mudança de local das libélulas dessa forma começou. Isso pode ser categorizado como movimento horizontal e movimento vertical, de acordo com o tipo de passagem espiritual.

O que é mais incrível é que quando os membros da igreja chamavam as libélulas, elas não tinham medo das pessoas e pousavam sobre a ponta de seus dedos e outras parte de seus corpos. Libélulas são benéficas, pois comem os insetos prejudiciais do verão. Lembro-me que em minha infância era muito difícil pegar uma única libélula – elas voavam e sentiam a mínima presença humana ao seu redor. E já faz um tempo que não se vê uma libélula sequer em Seul; assim o aparecimento de enxames é certamente uma obra de Deus.

No ano seguinte, 2007, as libélulas começaram a aparecer no início de julho. Libélulas geralmente aparecem no fim do verão e até o outono. Enquanto as libélulas eu ainda eram larvas passavam pela passagem espiritual, elas amadureciam e se tornavam adultas. Ao passar pelo espaço tetradimensional, seu crescimento acelerava. Assim, as libélulas puderam aparecer tão mais cedo naquele ano.

Em 2008, não só o tempo de seu aparecimento, mas também o número de libélulas foi controlado. Enxames intermináveis começaram a vir do céu começando na primeira semana de julho. Diferentes grupos missionários da igreja tinham seus retiros de verão respectivos em diferentes locais na Coréia do Sul, e todos os membros da igreja testemunharam as libélulas vindo do céu verticalmente com origem em volta do sol. Elas não foram para outros lugares. Desceram e ficaram apenas nas áreas onde pousaram e podiam ser vistas nas mãos, rostos, ou ombros dos membros.

O tema do retiro de verão naquele ano era 'Espaço Espiritual', e a alegria dos crentes foi simplesmente enorme. Puderam entender a mensagem tendo um exemplo da vida real de libélulas se movendo no espaço espiritual e vindo até eles. Com esse retiro, a fé dos membros da igreja aumentou ainda mais. O mesmo tipo de obra aconteceu em todas as congregações não apenas na Coréia mas também em todo o mundo.

O mesmo evento aconteceu no verão de 2009 também. Ada grupo missionário teve seu retiro e houve mais libélulas do que nos anos anteriores. Os crentes viram dezenas de milhares delas vindo de ao redor do sol, por meio do espaço espiritual que tinha sido aberto. Ao descerem do céu, elas brilhavam e pareciam flocos de neve.

Quando os filhos de Israel estavam atravessando o Mar Vermelho que fora dividido por ventos fortes, uma passagem espiritual foi formada lá para eles também. Qual seria a força do vento para que pudessem partir o mar? Um homem não teria conseguido ficar lá com tais ventos. Mas mais de dois milhões de israelitas andaram em paz em meio à ventania. Isso foi porque uma passagem espiritual se formou para bloquear os ventos afetando as pessoas. Então, o que aconteceu quando eles estavam atravessando o rio Jordão para irem para a Terra de Canaã?

Josué 3:15-16 diz, *"(O Jordão transborda em ambas as margens na época da colheita.) Assim que os sacerdotes que carregavam a arca da aliança chegaram ao Jordão e seus pés tocaram as águas, a correnteza que descia parou de correr e formou uma muralha a grande distância, perto de uma cidade chamada Adã, nas proximidades de Zaretã; e as águas que desciam para o mar da Arabá, o mar Salgado, escoaram totalmente. E assim o povo atravessou o rio em frente de Jericó."*

No ponto onde os filhos de Israel se encontravam, as águas da correnteza pararam de correr e começaram a se acumular, enquanto a água da parte de baixo continuava a correr. Naquele momento, um espaço espiritual foi feito com um formato semelhante ao de uma represa.

Diversas Formas que Passagens Espirituais Foram Utilizadas

Se conseguirmos utilizar essa passagem espiritual muito bem, conseguiremos também controlar condições climáticas. Por exemplo, suponha que duas áreas específicas estejam sofrendo, uma com enchente e outra com seca. Então, se transferirmos as nuvens de chuva da área da enchente para a área da seca poderemos resolver o problema de ambas as áreas.

O aguaceiro inesperado de Israel é um exemplo disso. Em setembro de 2009, orei por uma certa coisa enquanto me preparava para uma cruzada em Israel. Israel estava tendo tempos difíceis por causa de uma seca severa que persistia em ficar já havia cinco anos. Os pastores do país explicaram sua situação e me pediram oração.

Se tal pedido, que tem um nível de interesse nacional, é para ser respondido, existem algumas condições a serem cumpridas. O presidente ou líderes de mesmo nível devem pedir oração com fé, ou a maioria das pessoas. Mas me condoendo com a situação deles, eu simplesmente orei no primeiro e segundo dia da cruzada para que uma chuva viesse matar a sede de sua seca.

Qual foi o resultado? Israel tem uma distinção clara entre o período de chuva e período de seca. Setembro é o período de seca, e raramente chove nesse mês. Às vezes, pode começar a chover um pouco no fim de outubro, mas o período de chuva real é de dezembro a fevereiro. Além disso, devido à longa seca, o nível do Mar da Galiléia estava atingindo a linha vermelha mais

159

baixa, que é 208 metros. Esse é o menor limite no qual a água não podia mais ser tirada do Mar.

Mas um dia depois da cruzada ter acabado, choveu no norte de Israel. no dia 13 de setembro, um domingo, eles tiveram uma quantidade significativa de chuva em Jerusalém e também em Tel Aviv. Os pastores israelenses se regozijaram e glorificaram a Deus dizendo que experimentaram a chuva graças à minha oração. No entanto, não era só aquilo. Eles tiveram mais chuva na semana seguinte, e o Departamento de Recursos Aquáticos de Israel disse que a quantidade de chuva em dois dias foi a mesma que a média de setembro e outubro juntos. Aquilo não era possível segundo a justiça de Deus, mas Ele ouviu a oração e ultrapassando a justiça, Ele permitiu que eles tivessem chuva.

Há também tantos tufões e furacões que trazem calamidades ao redor do mundo. Se pudermos mover os cursos dos tufões ou furacões para áreas não habitadas, não haverá problemas.

Dois tufões estavam se aproximando das Filipinas quando foi para lá na cruzada de 2001. O 16º tufão "Nari" e o 19º tufão "Lekima" estavam se aproximando com fortes ventos de furacão. Se os tufões tivessem ido segundo as previsões, não iríamos ter conseguido realizar a cruzada. Na conferência de imprensa lá, os repórteres me perguntaram se a cruzada aconteceria, por causa dos tufões.

Ali, eu disse, "Os tufões perderão a força ou mudarão de direção. Não haverá nenhum tufão ou chuva durante a cruzada, então por favor, tentem estar lá." O Nari perdeu a força bem antes da cruzada, e o Lekima mudou o curso de uma hora para outra, deixando as Filipinas. Pudemos ter a cruzada sem problema algum.

Podemos parar não só tufões mas também outros desatres naturais como erupções vulcânicas ou terremotos se utilizarmos o espaço espiritual. Podemos simplesmente cobrir a fonte da erupção vulcânica o terremoto com o espaço de Deus, e essas coisas podem ser possibilitadas quando tudo estiver certo dentro da justiça de Deus. Por exemplo, para parar um desastre que causa danos em nível nacional, o líder de um país deve pedir oração. Além disso, mesmo que o espaço espiritual se abra, a justiça do primeiro céu não pode ser totalmente ignorada. O funcionamento do espaço espiritual se limitará ao ponto onde não haverá nenhuma confusão no primeiro céu depois que o espaço espiritual for levantado. Deus governa todos os céus com Sua onipotência, e ele é o Deus de amor e justiça.

Amor que Transcende a Justiça

Em Gênesis capítulo 18, podemos ler que Deus disse a Abraão antecipadamente o que iria acontecer a Sodoma e Gomorra. *"Disse-lhe, pois, o Senhor: As acusações contra Sodoma e Gomorra são tantas e o seu pecado é tão grave que descerei para ver se o que eles têm feito corresponde ao que tenho ouvido. Se não, eu saberei"* (Gênesis 18:20-21).

Sodoma e Gomorra tinham de ser punidas por seus pecados de acordo com as regras da justiça, mas Deus fez com que Abraão soubesse daquilo antecipadamente porque seu sobrinho Ló estava morando lá. O coração de Deus queria lhes dar outra chance, e assim é o amor e a justiça de Deus.

Então, Abraão pediu a Deus cinco vezes para salvar Sodoma. Inicialmente, ele pediu que não a destruísse se tivessem cinquenta homens justos, depois quarenta, depois trinta, vinte, e finalmente o número se reduziu a dez. *"Então Abraão disse ainda: 'Não te ires, Senhor, mas permite-me falar só mais uma vez. E se apenas dez forem encontrados?' Ele respondeu: 'Por amor aos dez não a destruirei'"* (Gênesis 18:32).

Como mera criatura, Abraão pôde pedir algo a Deus com tanta coragem. Isso nos mostra que ele tinha o coração do Senhor e se tornara um com Deus. Ele pediu com intenso amor para mover o coração de Deus e salvar as pessoas, e Deus foi tocado por seu amor e prometeu fazer o que pedira.

Deus trabalha com amor dentro dos limites da justiça. Assim, Ele quis mostrar misericórdia e compaixão mesmo enquanto punia Sodoma e Gomorra, e Ele realmente lhes deu outra oportunidade com um amor que transcendia a justiça através da oração do justo homem Abraão.

Sodoma e Gomorra foram castigadas no fim, pois não tinham sequer dez homens justos dentre eles, mas o sobrinho de Abraão Ló e sua família foram salvos. É porque Ló estava no espaço de Abraão, que era muito amado por Deus. Em outras palavras, por Deus amar tanto a Abraão, Ele cobriu Ló e sua família com espaço espiritual pensando em Abraão.

Como explicado, tudo pode ser controlado no amor e justiça de Deus no espaço de Deus. O amor anula a justiça sem violá-la. Para fazer tais coisas acontecerem, a pessoa precisa cultivar um coração que esteja de acordo com a justiça do quarto céu, isto é, quando a pessoa cultiva o coração que é um com o de Deus, ela pode operar as obra de Deus que vão além da justiça sem violar a justiça do quarto céu.

O problema é como a pessoa pode cultivar o coração de Deus. Até que isso seja feito, com apenas fé e amor a pessoa tem de vencer tremendas provações inimagináveis ao homem. Ela tem de pagar o preço de acordo com a justiça de Deus, indo de degrau a degrau em provas, até que seja capacitada a utilizar o espaço de Deus tendo aprendido sobre a justiça do quarto céu.

Abraão também teve várias provas e testes até ser chamado 'amigo de Deus'. Quando ele fez setenta e cinco anos de idade Deus disse a ele que uma grande nação ser formaria por meio dele, mas já havia mais de vinte anos que ele não tinha filhos. Contudo, quando ele tinha noventa anos de idade e Sara tinha oitenta e nova e não mais podia ter filhos, Deus lhe disse que ele teria um filho no ano seguinte.

Isso era completamente impossível ao conhecimento humano, mas Abraão pôs sua confiança em Deus e nunca duvidou. Deus reconheceu a sua fé como justiça, e conforme ele crera, ele teve Isaque. No entanto, quando estava crescendo e era tão amável, Deus pediu a Abraão para oferecer Isaque como sacrifício. Abraão cria que Deus podia ressuscitá-lo mesmo que ele fosse sacrificado como oferta queimada, pois Deus já o tinha dito que dele sairiam muitos descendentes. Ele pôde oferecer o seu único filho Isaque sem nenhuma hesitação porque ele verdadeiramente reverenciava Deus.

Depois que Abraão passou em todas as provas e testes, Deus o chamou de 'amigo de Deus' e o estabeleceu como o 'pai da fé'. Depois da prova final de dar o seu único filho como oferta queimada, Abraão recebeu todas as bênçãos que um homem pode receber – bênçãos de filhos, saúde, riqueza, e vida longa.

Deus está procurando filhos verdadeiros que podem receber bênçãos e levar inúmeras almas ao caminho da salvação através da oração de fé e amor, como Abraão. Deus nos mostra obras de criação, controlando a vida e a morte, e obras que transcendem tempo e espaço porque Ele quer filhos verdadeiros que tem o Seu coração.

Gênesis 18:17-19 diz, *"Então o Senhor disse: "Esconderei de Abraão o que estou para fazer? Abraão será o pai de uma nação grande e poderosa, e por meio dele todas as nações da terra serão abençoadas. Pois eu o escolhi, para que ordene aos seus filhos e aos seus descendentes que se conservem no caminho do Senhor, fazendo o que é justo e direito, para que o Senhor faça vir a Abraão o que lhe prometeu."*

Somente se entendermos os princípios básicos do espaço de Deus explicados até aqui é que poderemos entender muitos eventos na Bíblia mais profundamente e experimentá-los em nossas vidas. Podemos ultrapassar limitações humanas se nos tornarmos filhos verdadeiros de Deus crendo Nele e recuperando Sua imagem perdida. Por essa razão, o Senhor ressurreto nos deu essa última palavra antes de ascender ao Céu: *"Mas receberão poder quando o Espírito Santo descer sobre vocês, e serão minhas testemunhas em Jerusalém, em toda a Judeia e Samaria, e até os confins da terra"* (Atos 1:8).

Qual é o atalho para receber o poder de Deis e nos tornarmos testemunhas do Senhor? É santificar nosso coração e orar fervorosamente para sermos pessoas plenamente espirituais, para que assim sejamos capazes de utilizar o espaço de Deus. Além disso, devemos cultivar a justiça e o amor de Deus completamente para conseguirmos herdar o lugar mais lindo do céu – a Nova Jerusalém – ou até mesmo o espaço de Deus.

Capítulo 2
A Imagem de Deus

A pessoa pode recuperar a imagem perdida de Deus ao se tornar um verdadeiro filho Dele que tem o Seu coração. No entanto, isso não significa que essa pessoa se tornará como o próprio Deus. Deus pode existir como simplesmente luz sem nenhuma forma, ou pode assumir alguma forma determinada.

Deus Assumiu uma Forma para o Cultivo Humano

O Homem é Criado Segundo à Imagem de Deus

Não Podemos Olhar Diretamente para a Face de Deus

O Tamanho da Forma de Deus

A Imagem de Deus na Visão do Apóstolo João

Participe da Natureza Divina

Q ue aparência tem Deus? Qual será o Seu tamanho?
Quando uma pessoa aceita Jesus Cristo e vem a saber mais
sobre Deus, ela deve ficar mais curiosa sobre a imagem de Deus
assim como o reino do céu. Quando filhos ficam separados de
seus pais por muito tempo, eles sentem faltam deles e os estimam.
É o mesmo conosco buscando a Deus e ansiando por Ele no
fundo de nossa natureza.

Mateus 5:8 diz, *"Bem-aventurados os puros de coração,
pois verão a Deus."* 'Ser puro de coração' significa 'não pôr
a mente em coisas insignificantes, mas ser puro e limpo em
verdade'. É ter um coração que é irrepreensível e imaculável e
com o qual não pensamos nada mal ou de grosseria. Lemos que
o coração puro verá a Deus, e o que isso significa? Não significa
que essa pessoa verá a entidade Deus original, mas que ela
experimentará Deus recebendo tudo aquilo pelo que pedir.

Mas isso não quer dizer que o homem nunca poderá ver
a imagem de Deus. Significa apenas que ele não pode olhar
diretamente para a face de Deus (Êxodo 33:20). Deus é espírito,
assim, não podemos conhecer a imagem de Deus completamente
porque não conseguimos olhar para Ele diretamente. Mas Ele diz

que somos criados à Sua imagem, assim, podemos simplesmente inferir que Deus e nós compartilhamos algo em comum em nossa aparência. Podemos imaginar como Deus deve ser lendo a Bíblia, que é uma revelação sobre Ele.

Deus Assumiu uma Forma para o Cultivo Humano

Vemos em Êxodo 3:14 que Deus explica sobre Ele dizendo *"EU SOU O QUE SOU."* Ele é o ser perfeito que existe por Si Mesmo desde antes da eternidade. O homem tem um conhecimento limitado, assim achamos que deve haver um princípio de tudo. É por isso que Deus usa a palavra 'princípio', mas é só para a nossa compreensão.

João 1:1 diz, *"No princípio era aquele que é a Palavra. Ele estava com Deus e era Deus."* E Gênesis 1:1 diz, *"No princípio criou Deus os céus e a terra."*

Deus criou o homem quando Ele estava criando os céus e a terra e todas as coisas que neles há e, portanto, o 'princípio' no livro de Gênesis estabelece uma relação com o homem. De um lado, o princípio mencionado em João capítulo 1 é um ponto no tempo que foi antes do tempo da criação e não tem relação alguma com o ser humano.

No princípio, Deus existia em um espaço que é o mundo espiritual, que é invisível aos nossos olhos. Ele existia como uma linda e brilhante luz e governava sobre todas as coisas flutuando em todo os espaços do universo. Deus tinha humanidade e divindade, e por essa razão planejou o cultivo humano a fim de ganhar verdadeiros filhos e começou a existir como Trindade: O Pai, o Filho, e o Espírito Santo.

Foi naquele momento que Deus começou a ter imagem. Gênesis 1:26 diz, *"Então disse Deus: 'Façamos o homem à nossa imagem, conforme a nossa semelhança...'"*

Obviamente, não se dizia respeito a uma forma física como a do homem, mas a uma imagem espiritual que incorpora Deus que é espírito. Anjos, o exército celestial, ou querubins são todos seres espirituais, mas cada um tem suas formas respectivas. Deus no princípio não tinha uma forma específica, mas em determinado ponto Ele passou a ter uma.

A Trindade assumiu uma forma por nós homens, e quando Deus criou a Terra, que é o palco do cultivo humano, Ele desceu à Terra. Ele pensou sobre o que ela precisaria no futuro e em como Ele faria aquelas coisas. Então Ele começou a criação de todas as coisas.

O Homem é Criado Segundo à Imagem de Deus

A Trindade criou o homem segundo Sua imagem no sexto dia da Criação. Isso, todavia, não quer dizer que só a aparência externa do homem é que era segundo à imagem de Deus, mas que o nosso coração também foi criado segundo o Dele.

Mas desde a desobediência de Adão, o homem perdeu a imagem original que recebera em sua criação, e começou a se manchar cada vez mais com o pecado. Adão perder a imagem de Deus não significa que a imagem externa desapareceu, mas que ele perdeu a natureza de Deus, que é uma fragrância santa. Os homens são compostos de espírito, alma, e corpo, mas como resultado do pecado, o espírito de todos os homens 'morreu'. Dali em diante, eles se tornaram como os animais, que possuem apenas alma e corpo.

Mas quando o tempo chegou, Deus enviou Jesus a esta terra para abrir o caminho da salvação de forma que todos pudessem ser salvos. A qualquer que aceita Jesus Cristo, Deus o dá o Espírito Santo como dom. Então,o espírito morto da pessoa é revificado e ela pode começar a recuperar a imagem perdida de Deus. o santo Deus quer que Seus filhos tenham santidade também. É por isso que Ele nos aconselha tanto a sermos santos dizendo, *"Sejam santos, porque eu sou santo"* (1 Pedro 1:16).

Deus não olha a aparência, mas o coração de cada pessoa. Podemos nos tornar verdadeiros filhos de Deus se lutarmos contra o pecado a ponto de sangue e nos livrarmos de toda forma de maldade. Podemos recuperar a imagem perdida de Deus e emanar fortes luzes da nossa forma espiritual à medida que nos parecemos com Deus, que é Luz.

1 João 5:18 diz, *"Sabemos que todo aquele que é nascido de Deus não está no pecado; aquele que nasceu de Deus o protege, e o Maligno não o atinge."* Deus protege aqueles que vivem segundo à Palavra de Deus e não pecam. Por causa de sua forte luz, o inimigo, Satanás e o diabo, não podem sequer se aproxima deles.

O propósito de Deus ao criar o mundo e os homens é obter filhos verdadeiros que tenham a imagem de Deus. Mas quase todo homem desde o tempo da criação não cultivou a imagem de Deus. Foram inúmeras as pessoas que nasceram desde Adão, mas só um punhado delas realmente cultivaram o tipo de coração que Deus queria que tivessem. Tais pessoas andaram com Deus e revelaram Sua glória em suas vidas. Elas operaram obras poderosas que ultrapassavam a imaginação humana. Elias fez fogo descer do Céu; Abraão virtualmente ofereceu seu único filho como sacrifício; o apóstolo Paulo foi fiel com toda a sua vida e amor. Quando Deus viu pessoas como essas, Ele ficou muito alegre.

No entanto, mesmo dentre aqueles que foram usados para o reino de Deus, há pessoas que não poderiam ser de fato consideradas como 'verdadeiros homens de Deus'. Por exemplo, no caso de Eliseu, ele aprendeu tudo com Elias e recebeu porção dobrada da inspiração de Elias. Contudo, seu coração não era tão perfeito como o de Elias (2 Reis 2:24). Quando crianças o seguiram e zombaram dele, ele acabou as amaldiçoando. Duas ursas vieram e dilaceraram as quarenta e duas crianças.

Ló também viu a bondade de Abraão, e ainda assim não pôde cultivar o coração de bondade que ele tinha. Ele recebeu bênçãos materiais graças a Abraão e em uma situação perigosa, sua vida foi salva por Abraão. Mesmo assim, ele não pôde cultivar um coração perfeito.

Obviamente, Eliseu operou muitas coisas incríveis e as pessoas diziam que ele era um homem de Deus. Mas é que as pessoas simplesmente o respeitavam como profeta. Um verdadeiro homem de Deus não é só uma pessoa que pode ser usada por Ele para servir para um propósito Seu por um momento. É uma pessoa que recuperou a imagem de Deus tendo um coração santo e puro livre de qualquer mancha.

Não Podemos Olhar Diretamente para a Face de Deus

Desde a queda de Adão, ninguém no primeiro céu consegue olhar diretamente para a face de Deus, que é própria Luz. Deus é espírito e não podemos vê-Lo com nossos olhos físicos. Além do mais, Êxodo 33:20 diz, *"Você não poderá ver a minha face, porque ninguém poderá ver-me e continuar vivo."*

Elias foi arrebatado sem experimentar a morte, mas mesmo assim não pôde ver a face de Deus diretamente. 1 Reis 19:12-13 diz, *"Depois do terremoto houve um fogo, mas o Senhor não estava nele. E depois do fogo houve o murmúrio de uma brisa suave. Quando Elias ouviu, puxou a capa para cobrir o rosto, saiu e ficou à entrada da caverna."* Elias tinha envolvido seu rosto com sua capa só de ouvir uma brisa suave de Deus.

Juízes 13:22 também diz, *"'Sem dúvida vamos morrer!' disse ele à mulher, 'pois vimos a Deus!'"* Manoá é o pai de Sansão. Isaías também disse, *"Então gritei: Ai de mim! Estou perdido! Pois sou um homem de lábios impuros e vivo no meio de um povo de lábios impuros; os meus olhos viram o Rei, o*

Senhor dos Exércitos!" (Isaías 6:5).

Pessoas foram mortas mesmo quando violavam um lugar ou objeto que era santificado a Deus. Foi o caso do homem em Bete-Semes, que forom mortos por terem olhado dentro da arca do SENHOR (1 Samuel 6:19).

Deus Se revelou indiretamente ao homem porque ele morre se olhar para a Sua face diretamente. Ele Se mostrou no arbusto flamejante, ou no fogo ou nas nuvens. Às vezes, Ele Se mostrou em maravilhas como dividir o Mar Vermelho e parar o sol e a luz; ou em sinais como o paralítico andar, o cego ver, o surdo ouvir, o mudo falar, ou o morto voltar a viver.

Deus também mostrou Sua imagem através do Senhor Jesus e disse em Colossenses 1:15, *"Ele é a imagem do Deus invisível, o primogênito sobre toda a criação."* João 1:18 diz, *"Ninguém jamais viu a Deus, mas o Deus Unigênito, que está junto do Pai, o tornou conhecido"* e em João 14:9 Jesus diz, *"Jesus respondeu: Você não me conhece, Filipe, mesmo depois de eu ter estado com vocês durante tanto tempo? Quem me vê, vê o Pai. Como você pode dizer: 'Mostra-nos o Pai'?"*

Hoje, muitas pessoas dizem que creem em Deus,mas não sabem realmente quem Ele é, não entendem Seu coração e vontade. Imaginam como Ele deve ser dentro de seus próprios conceitos. É como um sapo vivendo num poço que pensa que o céu pequeno e redondo que ele vê é o céu inteiro. Semelhantemente, essas pessoas que não podem compartilhar verdadeiro amor com o Pai, e além do mais, quando olham para aqueles que realmente O ama, acham que é estranho.

Jesus Mostrou a Imagem de Deus

Por que Jesus diz em João 14:9, *"Quem me vê, vê o Pai."* Jesus está no Pai, e Deus está em Jesus, e portanto, Eles são completamente um. Por essa razão, as palavras de Jesus não eram Dele, mas dadas pelo Pai.

Em João 12:49-50, Ele disse, *"Pois não falei por mim mesmo, mas o Pai que me enviou me ordenou o que dizer e o que falar. Sei que o seu mandamento é a vida eterna. Portanto, o que eu digo é exatamente o que o Pai me mandou dizer"* e em Mateus 15:30-31, *"Uma grande multidão dirigiu-se a ele, levando-lhe os aleijados, os cegos, os mancos, os mudos e muitos outros, e os colocaram aos seus pés; e ele os curou. O povo ficou admirado quando viu os mudos falando, os mancos curados, os aleijados andando e os cegos vendo. E louvaram o Deus de Israel."*

Quando Jesus testemunhou do Pai com palavras, Deus mostrou que Ele é poderoso através de sinais, maravilhas, e coisas extraordinárias e maravilhosas. Aqueles que criam e seguiram Jesus puderam ver o poder de Deus e glorificá-Lo. No entanto, aqueles que não criam em Jesus O deixaram e se espalharam. Não creram Nele mesmo tendo testemunhado obras incríveis de Deus só porque aquelas coisas não concordavam com suas próprias teorias e conhecimento.

Jesus voluntariamente tomou o caminho miserável da

cruz para cumprir a providência da salvação, porque Ele era completamente um com o Pai. Ele tinha um coração com Deus que queria salvar a humanidade, os pecadores, mesmo que aquele fosse um caminho de sofrimento. Ele teve a mesma vontade com Deus e nela Ele tinha de Se tornar um sacrifício para remissão. Por essa razão, Jesus tomou aquele caminho sem nenhuma relutância embora ele fosse estreito e difícil se visto da perspectiva humana.

Por que não devemos fazer uma imagem de Deus?

Em Êxodo capítulo 3, Deus chamou Moisés de uma chama de fogo em um arbusto no Monte Horebe. Ele falou para Moisés liderar os filhos de Israel, que estavam sofrendo no Egito, às terra prometida de Canaã. Por que Deus apareceu na chama no arbusto?

Obviamente, quando arbustos pegam fogo eles são consumidos. O fato de que aquele arbusto não estava sendo consumido e a chama não desaparecia mostra que foi algo realmente extraordinário. Deus queria que Moisés visse que há um mundo espiritual e imperecível.

Além disso, arbustos geralmente simbolizam 'maldição' e, portanto, o mensageiro de Deus aparecendo na chama de fogo no arbusto significa que Deus é Aquele que controla mesmo o arbusto amaldiçoado. Isso, por sua vez, representa espiritualmente que o inimigo, o diabo e Satanás, está sob o controle de Deus. Moisés se tornou uma pessoa qualificada aos olhos de Deus ao passar por quarenta anos de provação, e finalmente Deus o chamou para ser líder de Israel.

Mas mais tarde, quando Deus Se revelou aos filhos de Israel nas chamas do Monte Horebe, eles só ouviram a Sua voz, sem ver a Sua imagem. Novamente, Deus os lembrou desse fato depois e os proibiu severamente de fazer qualquer imagem. *"No dia em que o Senhor falou a vocês do meio do fogo em Horebe, vocês não viram forma alguma. Portanto, tenham muito cuidado, para que não se corrompam fazendo para si um ídolo, uma imagem de alguma forma semelhante a homem ou mulher, ou a qualquer animal da terra, a qualquer ave que voa no céu, a qualquer criatura que se move rente ao chão ou a qualquer peixe que vive nas águas debaixo da terra. E para que, ao erguerem os olhos ao céu e virem o sol, a lua e as estrelas, todos os corpos celestes, vocês não se desviem e se prostrem diante deles e prestem culto àquilo que o Senhor, o seu Deus, distribuiu a todos os povos debaixo do céu"* (Deuteronômio 4:15-19).

Por que Deus disse isso? O homem foi criado com uma forma fixa, e, logo, ele tem a tendência de fazer a forma de Deus também. Deus estava preocupado pois, se eles fizessem, eles limitariam a natureza de Deus dentro dos moldes de uma imagem fixa. Se eles fizesse uma imagem de Deus, ela não iria ajudá-los a entender a Ele melhor, mas, na verdade, iria torná-los incapazes de ver a verdadeira imagem de Deus, sendo enganados por aquela 'falsa' imagem. Aquilo poderia levá-los a adorar a ídolos, que é uma das coisas que Deus mais odeia.

Deus é espírito, e como podemos fazer uma imagem Dele e expressá-Lo? Assim, quando Moisés pediu a Deus que Ele Se mostrasse, Ele prometeu que Ele mostraria todas as imagens de bondade, em vez de uma imagem literal, material.

Assim como a água congela para virar gelo, ou ferve para virar vapor, Deus pode Se mostrar de várias formas tendo uma só natureza. Dessa maneira, Ele tem ajudado o homem a entendê-Lo melhor, pois Ele é espírito e os homens tem limitações físicas.

O Tamanho da Forma de Deus

Muitas partes da Bíblia tem expressões sobre as partes do corpo de Deus como, 'Seus olhos' (1 Reis 8:29), 'ouvido'(Neemias 1:6), e 'mãos' (Isaías 65:2). Será que essas expresses só tem significados simbólicos? Não, não é este o caso.

Deus não existe como um vazio sem forma. Ele tem uma certa forma, o que significa que Ele é claramente substância. Contudo, Ele é diferente dos humanos no sentido de que Ele tem uma forma que é de espírito sem um corpo físico, enquanto o homem tem espírito, alma e corpo. Deus é na forma de luzes brilhantes, e não podemos olhar para Ele diretamente. Além disso, Ele é fundamentalmente diferente do homem no sentido de que Adão primeiro tinha uma forma e depois ela foi cheia de verdade, enquanto Deus é a verdade em Si e depois Ele veio a ter uma forma.

Algumas pessoas acham que Deus existe em um corpo muito

grande, pois Ele é o Criador que criou todas as coisas do universo e governa sobre elas. Obviamente, Ele tem uma grande forma, mas Ele pode mudá-la livremente. Portanto, não podemos entender como é a Sua forma se pensarmos com o entendimento humano.

Mesmo depois que formos para o Céu, temos uma diferença fundamental de Deus. Os homens terão um corpo espiritual que passou pelo cultivo humano em um corpo físico nesta terra. Entretanto, Deus pode ter uma forma ou pode sair da forma atual. Os homens, por sua vez, estarão confinados a uma determinada forma que nunca será mudada no Céu. É como se pudéssemos fazer uma forma com cimento, mas uma vez completa, não podemos voltar à substância original.

Deus pode existir como apenas luz sem nenhuma forma, ou também pode assumir uma. No quarto céu, Deus geralmente não assume nenhuma forma e simplesmente existe como luz e voz. Entretanto, Ele assume uma forma quando Ele está com os profetas ou quando desce ao terceiro céu, o reino celestial. Ele assume uma forma quando está numa posição onde deveria ter uma forma, e não tem uma quando não precisa ter. Ele pode até mesmo controlar livremente o tamanho de Sua forma.

Por exemplo, no quarto céu, uma substância não é fixa como sólida, líquida, ou gasosa. A mesma substância pode mudar sua forma tão livremente quanto Deus pensa em Seu coração. Assim, Deus originalmente existia como luz e som que não tinha uma forma, mas quando Ele vai para o Terceiro Céu Ele pode ter uma forma específica.

O primeiro homem, Adão, foi feito segundo essa imagem, a imagem de Deus no terceiro céu, que é também a imagem que veremos quando chegarmos lá. Mas mesmo se Ele tivesse a mesma forma, Ele apareceria diferentemente de quando Ele está no quarto céu e de quando Ele está no terceiro. É que a luz, glória, dignidade, e todas as coisas parecem diferentes de acordo com as diferentes dimensões.

Por exemplo, o mesmo cristal parece diferente de acordo com as luzes e o lugar onde é colocado. Da mesma maneira, a glória e formato do Deus original no quarto céu parecerá diferente no espaço quando comparados a uma dimensão inferior. Mesmo no mesmo mundo espiritual, as formas tem aparências diferentes de acordo com a dimensão, e as diferenças serão ainda maiores se Deus descer ao primeiro céu, o espaço físico.

Além disso, ver Deus desse mundo físico por meio de uma passagem aberta para o mundo espiritual e ver Deus que desceu à terra assumindo um espaço físico limitado são duas coisas completamente diferentes. Os profetas ou os anjos não podem assumir o espaço físico limitado, assim mesmo que eles apareçam neste espaço físico, eles ainda estão no espaço do espírito. Mas Deus pode assumir qualquer espaço conforme deseja em Seu coração, pois Ele é o Criador que criou todos os tipos de espaços. Ele pode aparecer no espaço físico estando no espaço espiritual, e Ele também pode aparecer em forma física, que é visível ao homem.

Deus aparecendo através de passagens espirituais

Podemos achar diversos registros na Bíblia sobre o próprio Deus descendo à esta terra no curso do cultivo humano. Como Deus descia à esta terra? Como Gênesis 11:5 diz, *"O Senhor desceu para ver a cidade e a torre que os homens estavam construindo."* O próprio Deus desceu a esta terra para ver o que as pessoas estavam fazendo. E Ele também desceu para ver Moisés como escrito em Êxodo 19:18, *"O monte Sinai estava coberto de fumaça, pois o Senhor tinha descido sobre ele em chamas de fogo. Dele subia fumaça como que de uma fornalha; todo o monte tremia violentamente"*, e em Números 11:25, *"O Senhor desceu na nuvem e lhe falou e tirou do Espírito que estava sobre Moisés e o pôs sobre as setenta autoridades. Quando o Espírito veio sobre elas, profetizaram, mas depois nunca mais tornaram a fazê-lo."*

Deus não está preso às mudanças no fluxo de tempo. Todos os espaços físicos e espirituais pertencem a Ele. Mas o fato é que Ele ainda assim utilizou uma passagem espiritual para descer a esta terra. Ele não precisava usá-la, mas Ele mesmo não quebrou as leis da justiça.

Embora o próprio Deus estivesse lá, os homens da carne daquela época não puderam vê-Lo. Mas aqueles cujos olhos espirituais foram abertos e que se comunicavam com Ele puderam vê-Lo na proporção que eles haviam se tornado espirituais. Obviamente, não estamos falando de ver Deus face a face, mas eles puderam senti-Lo dentro das limitações permitidas por Ele.

Êxodo 33:11 diz, *"O Senhor falava com Moisés face a face, como quem fala com seu amigo. Depois Moisés voltava ao acampamento; mas Josué, filho de Num, que lhe servia como auxiliar, não se afastava da tenda."* Mas isso não quer dizer que Moisés viu a face de Deus diretamente. Significa que Deus Se mostrou a Moisés de uma forma especial na qual Moisés não morreria mesmo depois de ver a glória de Deus. Isso foi porque Moisés foi mais manso e humilde do que qualquer outra pessoa na face da terra, e foi também fiel em toda a casa de Deus.

Êxodo 33:18-19 diz, *"Então disse Moisés: 'Peço-te que me mostres a tua glória.' E Deus respondeu: 'Diante de você farei passar toda a minha bondade e diante de você proclamarei o meu nome: o Senhor. Terei misericórdia de quem eu quiser ter misericórdia e terei compaixão de quem eu quiser ter compaixão.'"*

Mas em Êxodo 33:23, podemos entender que Moisés não viu a face de Deus, mas virou as costas. Ele era mais manso e humilde do qualquer outra pessoa na face da terra e fiel em toda a casa de Deus, e ainda assim não pôde ver a imagem de Deus diretamente, pois estava preso em limitações do corpo físico.

Deus Apareceu para Abraão

Em Gênesis capítulo 18, lemos que Abraão serviu a três

pessoas fazendo o seu melhor. Isso foi na ocasião quando o Espírito Santo e dois arcanjos apareceram em forma humana. O Espírito Santo é um com Deus Pai, e Ele pode aparecer em forma humana colocando o espaço físico conforme o desejo de Seu coração.

Como, então, puderam dois arcanjos aparecerem em forma humana? Eles não podem assumir um espaço físico por habilidade própria, mas aquilo foi possível porque estavam com o Espírito Santo no espaço do Espírito Santo. No entanto, o Espírito Santo e os dois arcanjos aparecendo em forma humana não significa que eles eram o mesmo que seres humanos, mas só que eles assumiram uma forma humana por cima de sua forma espiritual para que esta não pudesse ser vista no espaço físico.

Todos os três, isto é o Espírito Santo e os dois arcanjos, comeram o alimento que Abraão os serviu (Gênesis 18:8), mas seu comer era diferente do comer do homem. Eles não mastigaram ou digeriram a comida como o homem, mas assim que comiam, a comida simplesmente desaparecia no ar. É como quando o Senhor ressurreto comeu e a comida foi como que dissolvida e eliminada no ar através da respiração. Obviamente, assumir um espaço físico por um momento não é o mesmo que estar num corpo ressurreto. O corpo ressurreto é um corpo físico nesta terra que se transformou num corpo espiritual, mas para aquelas três pessoas, eles momentaneamente existiram no corpo que foi apropriado para o espaço físico como necessário.

A razão de o Espírito Santo ter tido de descer a essa terra com dois arcanjos assumindo um espaço físico foi porque Ele tinha de olhar diretamente para Sodoma e Gomorra. Obviamente, Ele poderia ter descido em espírito para fazer isso, mas Ele tinha uma razão para ir à terra e vê-los pessoalmente.

Os dois arcanjos apareceram em forma humana, e é por isso que eles puderam certamente ver como o povo ali estava corrompido. Eles viram a beleza dos dois arcanjos e quiseram lhes fazer mal. O Espírito Santo e os dois arcanjos puderam diretamente experimentar e sentir a maldade das pessoas de Sodoma e Gomorra porque vieram em forma humana diante deles.

Gênesis 18:13 diz, *"E o SENHOR disse a Abraão..."* A partir daí podemos inferir que aquele que aparece diante de Abraão foi o SENHOR Deus. Mas lemos que ele viu três pessoas, assim podemos entender a forma como Deus apareceu na frente de Abraão.

Havia algumas maneiras de Deus aparecer diante de Abraão. Ele podia Se mostrar a Abraão em um sonho ou visão, ou Ele podia ter simplesmente lhe dado a Sua voz. Esses eram os métodos que abriam o espaço espiritual diante de Abraão, que estava no espaço físico, de forma que ele pudesse ver e sentir Deus, que estava no espaço espiritual. Nesses casos, a pessoa pode ver Deus e ouvir a Sua voz somente quando seus olhos e ouvidos espirituais são abertos. Se os olhos espirituais da pessoa não estiverem abertos, ela jamais poderá ver o que está acontecendo no espírito, por mais que Deus esteja com ela.

Mas quando Deus apareceu junto com os dois arcanjos, foi

uma caso completamente diferente. Ali, não foi apenas uma abertura do espaço espiritual no espaço físico para Ele Se fazer visível no espaço físico; mas foi um caso onde Ele de fato desceu ao espaço físico. Embora a um grau limitado, Ele assumiu um espaço físico e veio para o espaço físico.

Se o parágrafo antes do anterior é como ver a imagem de Deus na TV, o anterior é como se Deus saísse da TV. Se Deus vem para o espaço físico com um espaço físico limitado, as pessoas podem vê-Lo ainda que seus olhos espirituais não estejam abertos, e nesse caso Deus pode ser visto como um ser humano.

O Senhor na forma de um forte brilho

Agora, qual é a aparência de Deus Filho? Às vezes, ouvimos as pessoas dizerem que viram o Senhor em sonhos ou visões. A maioria delas diz que Ele era cheio de misericórdia e amor, e é por isso que Ele tirou a Sua luz para Se mostrar uma aparência de total misericórdia. Se Ele mostrar a autoridade e dignidade divina que ficam no mesmo nível que o Deus Criador, ninguém ousaria olhar diretamente para Ele.

É por essa razão que não podemos ver o Senhor no Céu a menos que persigamos a paz com todos os homens e a santificação (Hebreus 12:14). A luz do Senhor é simplesmente forte demais. Só aqueles que viram pessoas espirituais e plenamente espirituais é que conseguirão ver o Senhor, pois a luz de Seu próprio corpo espiritual também é muito forte.

O apóstolo João viu a aparência do Senhor em visão. Ele

descreveu os olhos, pés, e cabelo do Senhor detalhadamente. Podemos também imaginar a aparência do Pai a partir da descrição da aparência do Senhor.

Apocalipse 1:14-15 diz, *"Sua cabeça e seus cabelos eram brancos como a lã, tão brancos quanto a neve, e seus olhos eram como chama de fogo. Seus pés eram como o bronze numa fornalha ardente e sua voz como o som de muitas águas."*

O versículo diz que o cabelo do Senhor era branco como lã, e isso quer dizer que Ele é livre de maldade, e que Ele está no meio de perfeita bondade. Diz que Seus olhos são como chamas de fogo, mas não significa que eles sejam de dar medo. Significa que eles brilham e fazem os outros se sentirem acolhidos, e também que queimam os pecados e a maldade. Ninguém pode se esconder dos olhos do Senhor, e tudo será claramente revelado diante Dele. Diz que Seus pés são como bronze reluzente. Quando mais você o refina, mais puro o bronze será. Muitas vezes na literatura, as pessoas comparam os olhos de uma linda mulher com as estrelas do céu ou os lábios com cerejas. Semelhantemente, João comparou os pés do Senhor com bronze reluzente. Os pés são partes do corpo que as pessoas consideram como sendo as mais sujas. João, pois, escreveu que até os pés do Senhor são santíssimos e honrosos.

Apocalipse 1:16-17 também diz, *"... Sua face era como o sol quando brilha em todo o seu fulgor. Quando o vi, caí aos seus pés como morto. Então ele colocou sua mão direita sobre mim e disse: 'Não tenha medo. Eu sou o Primeiro e o Último...'"*

O apóstolo João foi um homem santo e apropriado para receber as revelações de Deus, mas se tornou como uma pessoa morta diante do Senhor. O Senhor pôs Sua mão direita sobre João dizendo-o que não temesse. Isso significa que o Senhor lhe deu o dever de escrever o livro do Apocalipse que despertará muitos no fim dos tempos ao selá-lo impondo-lhe Sua mão. Além disso, o Senhor também estava o confortando para que ele pudesse cumprir esse dever em paz.

A Imagem de Deus na Visão do Apóstolo João

O Apóstolo João viu o trono de Deus e coisas ao seu redor e escreveu sobre elas em Apocalipse capítulo 4. Ele viu um evento que aconteceria muito tempo depois de registrado. Como nesse caso, com a permissão de Deus, podemos estar em qualquer lugar e qualquer ponto no tempo, quer passado ou futuro, transcendendo tempo e espaço. Podemos ver o Céu e o Inferno, o tempo antes da Criação, e também o Julgamento do Grande Trono Branco que acontecerá no futuro.

No caso do apóstolo João, seu espírito foi separado para ver o mundo espiritual. Aqui, a separação do espírito se refere ao espírito da pessoa saindo do seu corpo. A pessoa pode ver o mundo espiritual por meio de visão também, mas na visão, só consegue ver em partes. Por isso, quando Deus quer mostrar-nos uma coisa maior, Ele trabalha por meio da separação do espírito. Então, como pôde o apóstolo João ver Deus e Seu trono?

Ele tinha passado por diversas provações e perseguições em

nome do Senhor até fazer noventa anos. Foi jogado numa panela de óleo fervente e não morreu por obra de Deus. enfim, ele foi exilado para a Ilha de Patmos. Lá ele recebeu revelações de Deus em suas profundas orações. Naquele momento, ele já devia ter se santificado através das orações e muitas provações que tinha passado. Ele recebeu revelações no estado de santidade, e é por isso que seu espírito pôde ir tão alto que atingiu o trono de Deus. Em Apocalipse 4:3 ele fala do trono de Deus:

Aquele que estava assentado era de aspecto semelhante a jaspe e sardônio. Um arco-íris, parecendo uma esmeralda, circundava o trono.

Na providência especial de Deus, João viu Deus e Seu trono, mas não pôde ver os detalhes da face de Deus, pois as luzes vindo dela eram fortes demais. Assim como não podemos olhar para o sol por causa da força da luz, não podemos ver a imagem de Deus, que é Luz, se tivermos escuridão espiritual em nós. Para conseguirmos ver a imagem de Deus, temos de nos livrar da maldade e ter o coração de Deus, tornando-nos luz perfeita. Só aqueles que entram no Terceiro Reino do Céu ou acima podem ver a imagem de Deus.

O espírito de João subiu até o trono de Deus, mas ele não pôde ver a forma da face de Deus. Assim, ele disse que Deus era como jaspe e sardônio.

'Como jaspe' significa que há diversos tipos de luzes sendo emanadas de Deus. se você joga uma luz na jaspe, ela refletirá diversos tipos de lindas luzes, e semelhantemente, há muitas luzes lindas saindo de Deus. A jaspe também carrega o significado de 'pureza, sendo livre de manchas, honestidade, e justiça'. O apóstolo João descreveu Deus comparando-O com uma pedra preciosa que as pessoas consideram de valor nesta terra.

'Como sardônio' simboliza que Deus é brilhante e luminoso, e que Ele é lindo como uma chama de fogo. O sardônio, que é avermelhado, contém a luz do Espírito Santo, que está em Deus. O Pai e o Espírito Santo são um, e a luz que o Espírito Santo alimenta é também aquela encontrada no Pai. Portanto, as cores da jaspe e do sardônio são comumente encontradas em toda a Trindade.

O 'Arco-íris' simboliza promessa (Gênesis 9:12-13). Deus mostrou um arco-íris como um sinal de Sua promessa: Ele nunca castigaria a humanidade com água depois da inundação de Noé. João está comparando o formato do arco-íris que circunda o trono de Deus e as luzes saindo dele com a esmeralda. Ele comparou as cores do arco-íris à Esmeralda dentro das limitações de seu conhecimento.

A esmeralda simboliza a firmeza, coragem e força de Deus. num show de laser podemos ver diferentes cores se destacarem em diferentes momentos. Diferentes cores de luz aparecem em uma sequência, ou se mesclam para criar uma cena ainda maior. Quando as pessoas veem esses shows, cada uma expressa sobre a luz de forma diferente. Alguma simplesmente focam em duas cores especiais, enquanto outras tentam explicar a mescla de cores com um exemplo.

O apóstolo João também viu uma luz vindo de Deus, do trono de Deus, e as luzes de várias cores saindo do arco-íris ao Seu redor. Ele expressou-se sobre elas com exemplos de pedras preciosas. É difícil expressar a beleza do Céu com exemplos de objetos terrenos. Portanto, não devemos apenas pensar que as luzes que saem de Deus e de Seu trono são como duas pedras preciosas, mas sim tentar sentir a beleza daquelas luzes coloridas na inspiração do Espírito Santo.

Participe da Natureza Divina

No quarto céu Deus existe como luz contendo uma voz. É um lugar que tem a luz mais intensa e as mais lindas cores, além de qualquer comparação. O mistério e claridade das luzes do Deus original enchem o espaço inteiro. Não pode se comparar a nada nesta terra em nenhuma língua humana. Se uma pessoa vai para esse espaço, ela pode ver as misteriosas luzes de Deus e sentir a amplitude do Seu coração. Somente algumas poucas pessoas selecionadas que cultivaram o mesmo espaço e dimensão de coração com o de Deus podem ir para esse espaço com a permissão Dele. Se uma pessoa não qualificada entra lá, seu espírito é se espalha e desaparece.

Passamos a ter um coração com Deus se entramos na dimensão de perfeita luz como filhos da Luz. Então, as coisas serão feitas conforme desejarmos em nossos corações, e podemos mostrar um poder inimaginável de Deus. para isso, temos de recuperar a imagem perdida de Deus e ter o coração Dele.

Podemos nos comunicar com Deus à medida que nos livramos de todas as formas de maldade e alcançamos o espírito pleno, sendo perfeitas luzes. Ao atingirmos esse estado, receberemos tudo aquilo que pedirmos em oração, e estaremos em uma alta posição no reino do céu também.

Podemos utilizar o espaço de Deus que vai além dos limites humanos e podemos ver a imagem de Deus na mesma proporção que alcançamos a santidade e nos parecemos com o coração Dele. Moisés viu a imagem de Deus porque ele era o homem mais manso de toda a terra e fiel em toda a casa de Deus. Abraão viu Deus, que desceu a esta terra em forma física, porque estava muito próximo da luz perfeita.

Deus elaborou o plano do cultivo humano para obter filhos verdadeiros, e Ele nos encheu de tudo que é vida e devoção com Seu misterioso poder. Portanto, devemos tentar deixar de ser inútil ou infrutífero no conhecimento verdadeiro do nosso Senhor Jesus Cristo. Podemos ficar firmes no chamado e escolha a Deus quando, em nossa fé, temos excelência moral, e em nossa excelência moral, conhecimento; e em nosso conhecimento, domínio próprio, e em nosso domínio próprio perseverança, e em nossa perseverança, devoção, e em nossa devoção, gentileza fraternal, e em nossa gentileza fraternal, amor.

2 Pedro 1:3-4 diz, *"Seu divino poder nos deu tudo de que necessitamos para a vida e para a piedade, por meio do pleno conhecimento daquele que nos chamou para a sua própria glória e virtude. Dessa maneira, ele nos deu as suas grandiosas e preciosas promessas, para que por elas vocês*

se tornassem participantes da natureza divina e fugissem da corrupção que há no mundo, causada pela cobiça."

Participar da natureza divina é alcançar a luz perfeita que é boa o suficiente para ser absorvida pela luz de Deus. dessa maneira, podemos ter as qualificações para entrar no espaço de Deus. É participar da natureza divina se alcançamos a luz que é semelhante à luz perfeita de Deus e vamos em frente para o espaço onde o Deus original habita. Agora, o que temos de fazer para participar da natureza divina?

Primeiro, temos de cultivar o coração perfeito do espírito.

Temos de nos tornar um com Deus que é espírito, e portanto, devemos cultivar o coração perfeito do espírito. Se temos alguma forma de maldade, pensamentos carnais, ou nossos próprios moldes mentais, não conseguimos participar da natureza divina. Precisamos nos livrar de todas as formas de maldade (1 Tessalonicenses 5:22) e todos os pensamentos carnais (Romanos 8:6) para ter o coração do espírito.

Ter o coração do espírito é ter um coração sincero, verdadeiro, e completamente espiritual, o qual Deus deseja que tenhamos. Só depois de ter um coração assim é que podemos entender o que Deus, o Senhor e o Espírito Santo realmente desejam. Jesus veio a esta terra e experimentou fome, sofrimento, cansaço, e dor. Ele praticou a Palavra de Deus e cumpriu a Lei com amor.

Mesmo passando por tanta dor tendo um corpo de um ser humano, Ele ainda seguiu a vontade de Deus. Ele não brigou ou levantou Sua voz, mas cumpriu a vontade de Deus completamente sacrificando a Si mesmo. Logo, não devemos dar desculpas dizendo que seres humanos são fracos. Temos de participar da natureza divina nos livrando de todas as formas de pecados e maldades e tendo obras e um coração tementes a Deus.

Que tipo de coração você tem? Expliquei sobre as qualificações que devemos ter para entrar no espaço da luz, e com elas você pode se examinar. Podemos checar até que ponto nos livramos da carne, das coisas da carne, e da maldade; e até que ponto cultivamos o tipo de bondade que Deus deseja; o quanto amamos a Deus de coração e exalamos o aroma da bondade; e até que ponto estamos produzindo os nove frutos do Espírito Santo e os frutos das Bem-Aventuranças.

Quanto a ter paz, por exemplo, se podemos ter paz com todas as pessoas, isso significa que temos o coração do espírito, estamos perto da luz do Senhor, e estamos participando da natureza divina nessa mesma proporção. Podemos dizer que temos um coração perfeito do espírito só quando produzimos os nove frutos do Espírito Santo, o amor espiritual achado em 1 Coríntios 13, os frutos das Bem-Aventuranças, e os frutos da Luz, e não só 50%, 60%, mas 100%.

Segundo, devemos orar com a inspiração do Espírito Santo.

Deus não quer aroma de oração que vem de um sentimento de dever. Ele quer que oremos intensamente para cultivar o coração de Deus. As pessoas podem orar pelo mesmo período de tempo, mas o aroma do coração é diferente de pessoa para pessoa. Algumas são satisfeitas só pelo fato de terem cumprido com as orações do dia, enquanto outras nem veem o tempo passar, pois se alegram muito ao orarem diante de Deus para que sejam transformadas pelo seu amor por Ele.

Devemos ter obras do mundo espiritual neste mundo físico. Para tal, temos de receber força e poder de Deus, que habita no espaço espiritual. Portanto, nossas orações não devem ser oferecidas por um simples senso de dever. Deus quer que oremos com todo o nosso coração porque O amamos.

Para receber poder de Deus, temos de oferecer orações espirituais que podem penetrar o espaço físico abrindo o espaço do espírito. Para fazer isso, não devemos orar como bem entendemos ou preocupados com outras coisas. Tais orações não podem penetrar o espaço físico, mas só serão desperdício. Deus não se moverá com elas. Se seus filhos teimosamente lhe pedirem para que você os dê só aquilo que querem por pura cobiça, o que você sentiria como um pai ou mãe? Provavelmente se desapontaria.

1 Coríntios 2:10 diz, *"mas Deus o revelou a nós por meio do Espírito. O Espírito sonda todas as coisas, até mesmo as coisas mais profundas de Deus."* Temos de orar com a inspiração do Espírito Santo, que está em nosso coração. então, conseguiremos orar pelas coisas que estão de acordo com a vontade de Deus, e iremos entender o que fazer também. Conseguiremos abrir o portão do espaço espiritual e ter

comunicação com Deus, que está na dimensão espiritual, porque estaremos unidos com o Espírito Santo em nós.

Terceiro, devemos amar e aceitar a todos com uma generosidade virtuosa.

O coração do espírito que parece-se com o coração de Deus já contém amor e generosidade, mas quero enfatizar o amor e a generosidade mais uma vez. É porque devemos ser capazes de amar a todos ao nosso redor por amarmos a Deus, e devemos ter um coração largo e generosidade para conseguirmos aceitar todos. Devemos ser cheios de amor e generosidade e cuidar de todos ao nosso redor que estiverem passando por momentos difíceis ou cansados. O coração de Deus é amplo e além da medida, mas Ele é tão delicado e cuidadoso que Ele se importa com os órfãos e as viúvas, e as situações dos negligenciados.

Quando nos importamos até mesmo com as pequenas coisas com amor e edificamos os outros com generosidade, estamos participando da natureza divina. Devemos enxergar a nós mesmos e mudar através da Palavra de Deus para participarmos da natureza divina.

Quando temos um coração de luz completo e participamos da natureza divina, como eu expliquei previamente, podemos entrar no espaço de luz e no espaço de Deus. Se entramos no espaço de Deus, conseguimos ver a luz especial desse espaço. Conseguiremos também sentir o coração de Deus, grande e amplo. Além disso, embora nosso corpo físico esteja no espaço físico, utilizaremos o espaço de Deus que possuímos em nosso coração para manifestar coisas incríveis que ultrapassam o entendimento humano.

1 João 1:5 diz, *"Esta é a mensagem que dele ouvimos e transmitimos a vocês: Deus é luz; nele não há treva alguma."* Se habitamos na perfeita luz de Deus, significa que temos um coração com Ele, qualquer coisa que alimentarmos em nosso coração será realizada, e que nós operaremos com grande poder, poder que nenhum homem pode imaginar.

Oro, em nome do Senhor, para que você tenha as qualificações das quais falamos para que possa usufruir todas as bênçãos que Abraão usufruiu nessa terra, e possa ter as mais gloriosas posições no Céu, um espaço eterno de luz.

O Autor:
Dr. Jaerock Lee

Dr. Jaerock Lee nasceu em Muan, Província Jeolla Sul, República da Coréia do Sul, em 1943. Aos vinte anos, Dr. Lee sofria de várias doenças incuráveis. Por sete anos seguidos esperou a morte sem esperança de recuperação. Um dia, durante a primavera de 1974, foi levado por sua irmã a uma Igreja e, quando se ajoelhou para orar, o Deus vivo imediatamente o curou de todas as enfermidades.

No momento em que Dr. Lee conheceu o Deus vivo através daquela incrível experiência, ele amou a Deus com todo o seu coração e sinceridade e, em 1978, foi chamado para ser servo de Deus. Ele orava tão fervorosamente que podia entender claramente a vontade de Deus e cumpri-la totalmente. Ele obedeceu à Palavra de Deus. Em 1982, fundou a Igreja Manmin Joong-ang, em Seul, Coréia do Sul. Inúmeras obras, incluindo curas milagrosas e maravilhas, tomaram lugar naquela Igreja.

Em 1986, Dr. Lee foi consagrado pastor na Assembléia Anual da Igreja Sungkyul e, quatro anos depois, em 1990, seus sermões foram transmitidos para Austrália, Estados Unidos, Rússia, Filipinas e muitos outros locais ao longo da Companhia de Transmissão do Extremo Oriente, a Estação de Transmissão Asiática e o Sistema de Rádio Cristão de Washington.

Três anos depois, em 1993, a Igreja Central Manmin Joong-ang foi escolhida uma das "Cinqüenta maiores Igrejas do Mundo" pela revista *Christian World* e o Dr. Lee recebeu o Doutorado Honorário em Divindade pela Escola da Fé Cristã, na Flórida, Estados Unidos. Em 1996, tornou-se P.H.D em Ministério pelo Seminário Teológico de Kingsway, em Iowa, nos Estados Unidos.

Desde 1993 Dr. Lee tem liderado a evangelização mundial através de muitas cruzadas internacionais na Tanzânia, Argentina, Los Angeles, Baltimore City, Havaí, Nova Iorque, Uganda, Japão, Paquistão, Quênia, Filipinas, Honduras, Índia, Rússia, Alemanha, Peru, República Democrática do Congo, Israel, e Estônia.

Em 2002, foi chamado de "pastor internacional" pelos maiores jornais cristãos da Coréia, por seu trabalho nessas cruzadas. Em especial, sua

'Cruzada de Nova Iorque 2006' realizada na Madison Square Garden, arena mais famosa do mundo, foi transmitida a 220 nações; e em sua 'Cruzada Unida de Israel 2009' realizada no Centro Internacional de Convenções em Jerusalém, ele proclamou corajosamente que Jesus Cristo é o Messias e o Salvador. Seu sermão é transmitido a 176 nações via satélites incluindo a GCN TV, e ele foi listado como um dos 10 Líderes Cristãos Mais Influentes de 2009 e 2010 pela popular revista russa In Victory e pelo Christian Telegraph por seu poderoso ministério de transmissão televisiva e de pastoreamento internacional.

Conforme dados de agosto de 2013, a Igreja Central Manmin tem uma congregação de mais de 120.000 membros. São 10,000 congregações e 54 congregações domésticas espalhadas pelo país e pelo mundo. Até hoje, mais de 129 missionários já foram enviados a 23 países, incluindo os Estados Unidos, Rússia, Alemanha, Canadá, Japão, China, França, Índia, Quênia e muitos outros.

Até hoje, Dr. Lee já escreveu 87 livros, incluindo os Best Sellers *Experimentando a Vida Eterna antes da Morte; Minha Fé Minha Vida I & II; A Mensagem da Cruz; A Medida da Fé; Céu I & II; Inferno* e *O Poder de Deus.* Suas obras foram traduzidas para mais de 75 línguas.

Suas colunas cristãs estão nos jornais *The Hankook Ilbo, The JoongAng Daily, The Dong-A Ilbo, The Munhwa Ilbo, The Seoul Shinmun, The Kyunghyang Shinmun, The Korea Economic Daily, The Korea Herald, The Shisa News,* e *The Christian Press.*

O Dr. Lee é atualmente líder de várias organizações missionárias e associações: diretor na The United Holiness Church of Jesus Christ, o Jornal de Evangelização da Nação, Presidente na Missão Mundial de Manmin, Presidente Vitalício da Assosição Missão Mundial de Avivamento do Cristianismo; Presidente e Fundador da Rede Global Cristã (GCN), Fundador e Membro da Diretoria da Rede Mundial de Médicos Cristãos (WCDN); e Fundador e Membro da Diretoria do Seminário Internacional de Manmin (MIS).

Céu I & II

Um esboço detalhado dos ambientes maravilhosos que os cidadãos do céu desfrutam e a linda descrição dos diferentes níveis dos reinos dos céus.

A Mensagem da Cruz

Uma poderosa mensagem para despertar todas as pessoas que estão dormindo espiritualmente. Nesse livro podemos ver porque Jesus é o único Salvador e encontrar o verdadeiro amor de Deus.

Inferno

Uma mensagem profunda de Deus, que não deseja que nem uma alma sequer vá para as proofundezas do inferno, a toda a humanidade! Você descobrirá coisas nunca antes reveladas sobre a cruel realidade do Ades e do Inferno.

Espírito, Alma e Corpo I

Um manual que nos dá entendimento espiritual do espírito, alma e corpo e nos ajuda e identificar o tipo de 'eu' que criamos para que possamos obter força para derrotar as trevas e nos tornarmos pessoas espirituais.

A Medida da Fé

Que tipo de lar celestial, coroa e recompensa estão preparados para você no céu? Esse livro fornece, com sabedoria, meios para você medir sua fé e cultivá-la de modo a torná-la melhor e mais madura.

Desperta Israel

Por que Deus tem mantido Seus olhos sobre Israel desde o princípio do mundo até hoje? Que providência Sua tem sido preparada para Israel nos últimos dias, que espera pelo Messias?

Minha Fé Minha Vida I & II

A autobiografia do Dr. Jaerock Lee exala o mais fragrante aroma espiritual para seus leitores através de sua vida extraída do amor de Deus florescido em meio a ondas fortes, um jugo pesado, e profundo desespero.

Sete Igrejas

As profundas mensagens do Senhor despertando os crentes e igrejas de seu sono espiritual, enviadas às sete igrejas de Apocalipse capítulos 2 e 3, que se referem a todas as igrejas do Senhor.